ro
ro
ro

ro
ro
ro

Nach dem Abbruch seines Jura- und Psychologiestudiums arbeitete Andreas Altmann unter anderem als Zeitungsausträger, Hausmeister, Taxifahrer, Gärtner, Spüler, Straßenbauarbeiter, Buchclubvertreter, Nachtportier, Dressman, Postsortierer und Fließbandarbeiter. Danach studierte er drei Jahre lang Schauspiel am Salzburger Mozarteum und stand anschließend in München und Wien auf der Bühne. Den Vertrag mit dem Wiener Schauspielhaus kündigte Altmann vorzeitig, er entzog sich auch Versuchen des Arbeitsamts, ihn zum Maschinenbauschlosser umzuschulen. Stattdessen ging Altmann nach Indien in ein Ashram, später in ein Zen-Kloster in Kyoto, lebte anschließend in Paris, New York und Mexico City. Dazwischen Reisen durch Asien, Afrika und Südamerika. Reportagen von Andreas Altmann sind seitdem in allen wichtigen deutschsprachigen Magazinen erschienen. 1992 erhielt er den renommierten Egon-Erwin-Kisch-Preis.

Von seinen zahlreichen Büchern sind bei rororo lieferbar: «Im Land der Freien – Mit dem Greyhound durch Amerika» (Nr. 22371) und «Weit weg vom Rest der Welt – In 90 Tagen von Tanger nach Johannesburg» (Nr. 13779): «ein spannendes, ein unterhaltendes und ein zutiefst menschliches, warmes Reisebuch, geschrieben von einem klugen Mann, der literarisch über diesen Kontinent Bescheid weiß und doch das naive Staunen nicht verlernt hat. Und das Lieben nicht. Alle Achtung.» *Elke Heidenreich*

Andreas Altmann

Einmal rundherum

Geschichten einer Weltreise

Rowohlt Taschenbuch Verlag

Die Gedichte von Konstantinos Kavafis auf S. 34
sind nach folgenden Ausgaben zitiert:

Ein alter Mann, aus: Konstantinos Kavafis, Die vier Wände meines Zimmers. Verworfene und unveröffentlichte Gedichte.
Aus dem Griechischen von Ina und Asteris Kutulas.

Fragte nach der Machart. Übersetzt von Helmut von den Steinen, aus: Museum der modernen Poesie.
Eingerichtet von Hans Magnus Enzensberger.

7. Auflage November 2013

Originalausgabe
Veröffentlicht im Rowohlt Taschenbuch Verlag,
Reinbek bei Hamburg, April 2002

Umschlaggestaltung any.way Cathrin Günther
(Foto: Premium)
Satz Sabon PostScript bei
Pinkuin Satz und Datentechnik, Berlin
Druck und Bindung CPI books GmbH, Leck
Printed in Germany
ISBN 978 3 499 22931 2

Für Silvana, das Mädchen aus dem Märchen
Für Stefan, den unverwandt Treuen

Birger Sellin
«Den Festlandmenschen Botschaften senden.»

Bruce Chatwin
*«Meine Nationalität ist die eine Sache,
aber mein Arsch ist international.»*

Roland Topor
*«Mir ist die Welt lieber als eine Beschreibung
von ihr.»*

Eins

Drei Ecken von meiner Pariser Wohnung entfernt haust ein Clochard. Wir kennen uns seit Jahren und er begriff rasch, dass ich ein schlechter Mensch bin. Denn jedes Mal, wenn er die Hand ausstreckt, muss er mir eine Geschichte erzählen. Erst dann bin ich bereit, mich von ein paar Francs zu trennen. Das folgende Märchen ist das Beste, was Thierry bisher produziert hat. Ausnahmsweise gab es dafür einen Schein:

Zwei Brüder begeben sich auf eine Weltreise. Eines Tages reist einer von ihnen ein Stück voraus und erreicht eine Stadt. Er fragt den Mann am Tor: «Wie sind die Leute hier?» Und der Alte fragt zurück: «Wie waren sie denn in der Stadt, aus der du kommst?» – «Nun, sie waren freundlich, redlich und hilfsbereit.» Da sagt der Alte: «Gut, so wirst du auch hier Freundliche, Redliche und Hilfsbereite finden.» Tage später kommt der andere Bruder, auch er fragt den Wächter: «Wie sind sie hier, die Menschen?» Der Alte stellt die gleiche Frage: «Wie waren sie in der Stadt, aus der du kommst?» Und der Bruder: «Sie waren bösartig, hinterlistig und faul.» – «Nun, so wirst du Frauen und Männer antreffen, die bösartig, hinterlistig und faul sind.»

Wir sitzen im Schnellzug, Richtung Süden. Neben mir Uli Reinhardt, der Fotograf, er übernimmt die Rolle des ersten Bruders, er trifft seit langem die Freundlichen und Geduldigen. Er kann das, er ist selber freundlich und geduldig. Ich bin der andere Bruder. Ich schaue zum Fenster hinaus und bilde mir ein, meine rechte Schuhsohle zu riechen. Dreißig Meter vor Erreichen des Bahnhofs trat ich in eine «déjection canine», so der offizielle Name für die

Haufen «hündischer Absonderung», von denen täglich sechzehn Tonnen auf die französische Hauptstadt niedergehen. Als ich anschließend – mit Rucksack bepackt und auf einem Bein balancierend – die Sohle reinigte, wurde mir wieder klar, dass die Erde umrunden ein Traum ist und hundsgemeinen Stress verspricht. Von Anfang an.

So mancher Reisende kennt das Gefühl: wie begehrenswert seine Stadt plötzlich aussieht, wenn er sie verlässt. Dankbarkeit und Anhänglichkeit brechen aus. Ich sehe einen jungen Kerl – keine zehn Meter vom Zugfenster entfernt – seiner Freundin durchs Haar streichen. Und will mir einbilden, die zwei und die lausige Caféterrasse, auf der sie so nahe nebeneinander sitzen, gehören zum Bestaussehenden, was die Welt augenblicklich zu bieten hat. «Es gibt nur ein auserwähltes Volk», hat der englische Schriftsteller Graham Greene einmal behauptet, «ebenjenes, das in Paris lebt.»

Nach viereinhalb Stunden Ankunft in Marseille, zweitgrößte Stadt des Landes, größter Hafen. Seit Jahrhunderten schwemmen hier alle diejenigen an, die auch zu den Auserwählten gehören wollen. Und seit Jahrhunderten fegt der trockene, kalte Mistral durch die Straßen.

Auf dem Bahnhofsvorplatz rammeln zwei Hunde unter einem mittelmeerblauen Himmel, ein Hautkranker zerrt an meinem Ärmel und will Geld für seine kranke Haut, ein Mann fotografiert eine Frau, sie sagt: «Qu'est-ce qu'elle est belle, la France», mein Gott, wie schön ist Frankreich. Zwei Häuserwände weiter hängt ein feuerrotes Plakat: «Sicher waren Sie mal Anarchist in Ihrer Jugend? Nehmen Sie eine Spritze, um sich daran zu erinnern!»

Wer in Marseille bestehen, wer hier ein anderes Leben anfangen will, der muss jung sein, um auszuhalten, was ihm zugemutet wird. Seit langem hat man sich vor Ort darauf geeinigt, dass immer die Neuen als Sündenböcke herhalten müssen. Taugten dazu einst die Italiener, so haben seit zwei Generationen die Nordafrikaner aus den ehemaligen Kolonien die Rolle übernommen. «Interdit aux Arabes», verboten für Araber, hat jemand in eine Bank geritzt.

Rückblende, zehn Jahre: Ich war schon einmal in Marseille, recherchierte für eine Reportage über Jean-Marie Le Pen, den Parteivorsitzenden des ultrarechten *Front National*. An einem Montagmorgen war ich mit Abdelkadar verabredet. Er arbeitete als Arzt in einem Krankenhaus der Stadt. Wir hatten uns in Algerien, seiner Heimat, kennen gelernt. Ohne zu zögern, war er auf meinen Vorschlag eingegangen, uns beim Rekrutierungsbüro der Fremdenlegion vorzustellen. Hier in Marseille. Nicht als Arzt und als Reporter, nein, als arbeitslose Haudegen, die einen Job suchten. Ich verstand das Unternehmen als Test, ob ich doch noch einen Ort fände, an dem alle gleich behandelt würden. Diese Söldnerbande, hieß es, nähme jeden. Ohne Rücksicht auf die Visage.

Wir gingen hinunter zum Fort St.-Nicolas am Alten Hafen. «La Légion Etrangère» stand da und «Recrutement – jour et nuit». Wir stellten uns als zwei Versager im bürgerlichen Leben vor. Nun hätten wir Lust auf Abenteuer, auf ein Männerdasein, auf Kameradschaft. Dem Dienst habenden Offizier gefiel das, fest blickte er mich an: «Sie gehören der weißen Rasse an, dafür haben wir grundsätzlich Verwendung.» Mit Abdelkadar gab es Schwierigkeiten. Siebzig Prozent der freien Stellen waren für Weiße reserviert.

Während der Offizier mit der «Kommandantur» telefonierte, um nachzufragen, ob noch an einem Araber Bedarf bestünde, lächelten Abdelkadar und ich uns an. Er hatte die Wette verloren, er schuldete mir ein Mittagessen. Dieser unbelehrbare Optimist war tatsächlich überzeugt gewesen, hier ohne Gesichtskontrolle durchzukommen.

Rückblende, siebzig Jahre: Dass es kein Fremder hier leicht hatte, zeigt die Geschichte des kleinen Ivo Livi, der sein erstes Geld als Elfjähriger in einer Seifenfabrik verdiente. Und irgendwann zu singen begann und irgendwann seine Mutter vom Balkon runter «Ivo monta», Ivo, komm rauf, schreien hörte. Der Halbwüchsige hatte seinen Namen gefunden und wurde nicht viel später als Yves Montand berühmt.

Wir haben Glück, keiner stellt sich uns in den Weg, keiner zieht uns zur Rechenschaft. Als wüssten die Marseiller, dass Reisende eine Schonfrist verdienen, sprich, es immerhin einen Tag dauern darf, bis sie den Gang des Fremden verlernt haben und begreifen, wie umgehen mit der Fremde. Sogar der Mistral legt sich, die Aprilsonne blüht, in der Rue Thubaneau lächeln die Huren. Manche mit wurzelschwarzen Zähnen. Ich lächle zurück. Ich würde gern wissen, wie die Sehnsucht nach Sex und ein faules Gebiss zueinander kommen.

In der Bar du Soleil treffe ich Sohar. Er will nichts hören von leichtsinnigen Damen, er fastet gerade, trinkt in der verrauchten Kneipe einen Minztee. Der Marokkaner stammt aus Fes und erzählt mir von seiner Frau, die er von Herzen mag. Allerdings gäbe es vier Arten von Liebe. Die himmlischste wäre jene zu Allah, dann käme die zu Mohammed, dem Propheten. Auf dem dritten Platz folgten die Eltern und als Schlusslicht die Gattin. Allah hätte es so bestimmt, und das Weib wäre damit ganz einverstanden. Sohars Frau kann von Glück reden, bald werde ich einen verheirateten Herrn kennen lernen, der scheint inniger verliebt in kalt glänzende Eisenteile als in alles andere.

Unten am Fischmarkt lungert eine Gruppe Deutscher, zehn Männer, eine junge Frau, ein Hund. Alle augenblicklich friedlich, sie betteln. Die nasenberingte Ellen meint, das Tier wäre am wichtigsten, der Rottweiler errege Mitleid, wegen ihm fielen immer ein paar Francs ab. Der zwölfte Mann ist ein Franzose, Gilbert, er ist einunddreißig und sieht aus wie einundsechzig. Bei einem Banküberfall geriet er ins Kreuzfeuer, ein Querschläger landete in seinem Hintern, seitdem klappern die Beine beim Gehen. Er sagt den unglaublichen Satz: «Ich hab das Leben noch vor mir.»

Ich verschwinde in ein Café, habe ich mir doch geschworen, mich pro Tag mindestens eine Stunde zu verstecken und zu lesen. Treffen keine Buchstaben in meinem Kopf ein, fehlt ein Hauptnahrungsmittel. Dazu kommt die Gewissheit, dass gebundenes Papier in der Hand halten ein zutiefst ästhetischer Akt ist. Don DeLillo schenkte den Lesewütigen den maßgeschneiderten Satz: «Das Buch ist ein Wunder körperlicher und geistiger Annehmlichkeit.»

Als ich aufstehe, fällt mein Blick auf das Gesicht des Tischnachbarn, schönes Gesicht, elegante Züge. Ich erfahre, dass sein Vater Franzose, die Mutter Vietnamesin war. Wir kommen ins Gespräch, reden von den Träumen, die wir als Kinder spinnen, und dem tatsächlichen Leben, das wir als Erwachsene führen. Dass dafür oft Feigheit verantwortlich ist und die einen diese Feigheit sich leichter, die anderen sich nie vergeben. Was von Vorteil ist, denn die, die sich nichts verzeihen, sind zäher hinter ihren Träumen her. Beim Abschied frage ich ihn, was er verlangen würde, hätte er einen einzigen Wunsch. Und Daniel: «De l'amour.»

Einchecken am Hafen. Ein «écrivain public», ein öffentlicher Schreiber, bietet seine Dienste beim Ausfüllen der Papiere an. Piktogramme mahnen zur Bescheidenheit: Eine Tragetasche, einen Koffer, mehr darf keiner mitnehmen. Und alle rollen mit Tonnen von Gepäck an. Aber in diesem Moment beginnt Afrika, das nonchalante, das großzügige. Jeder kommt durch.

Wieder meldet sich die kleine Angst, wie immer, wenn man einen Ort verlässt. Erstaunlich, wir waren keine vierundzwanzig Stunden in Marseille, aber schon hat sich ein Gefühl von Vertrautheit eingestellt. Durch das Wandern entlang der Straßen, durch den Blick auf die Fassaden, durch die Nähe eines Mannes, der einem anderen Mann erzählt, dass ihm nichts fehle, nur Liebe. Aber diese Angst tut gut, sie macht wach.

Auf dem Dampfer teilen wir eine große Kajüte mit ein paar Tunesiern. «Classe Fauteuil», wir dürfen sitzen oder auf dem Boden schlafen. Wir kommen gut miteinander aus. Nur der Fernseher nervt. Von dem wollen sie nicht lassen. Stundenlang läuft eine amerikanische Serie mit einem halben Dutzend steil toupierter Idiotinnen. Meist in Begleitung von prachtvoll kalifornisch geklonten Boys. Bis ich selige Schnarchtöne vernehme. Sie kommen von Rachid. Neben ihm liegt eine winzige Batterie. Sie treibt sein Hörgerät an. Beneidenswert, drei Gramm – mehr wiegt der Zinkknopf nicht – entscheiden über Stumpfsinn oder Wohlleben. Auf Kommando nichts hören müssen, das ist Glück.

Das Schiff segelt unter tunesischer Flagge, doch nichts erinnert an den Kontinent, auf den wir zusteuern. Alles sieht aus und riecht und schmeckt wie im Land der Weißen. Die Farben der Möbel, die Nachrichten, die Musik, das Geschirr, die Getränke, die Restaurants. Löblicherweise gibt es eine «salle de lecture». Ich schaue dreimal vorbei, um jemanden beim Lesen zu ertappen. Vergeblich. Zuletzt bleibe ich und lege die Weltkarte auf den Boden. Durch die Luke fällt ein Sonnenstrahl, genau auf Afrika. Und ich sitze still und warte, bis sie nach Asien wandert. Schöne Augenblicke, wie sie ermutigen.

Zurück zur Kajüte, Rachid ist aufgewacht, er erzählt, dass er für zwei Monate nach Hause reist. Zu Frau und sieben Kindern. Die alle nicht arbeiten. Da es für keinen Arbeit gibt, sprich keinen Regen. Rachid zeigt mir seinen Lohnzettel, er arbeitet für einen gewissen Earl (Graf!) Pippin auf dessen Latifundien, nicht weit von Marseille entfernt. Für 750 Euro pro Monat. Davon trägt er die Hälfte zur Post und schickt sie an seine Familie. Ich will ein Foto seiner Frau sehen und er sagt: «Ich habe keines, ich müsste nur heulen, wenn ich es ansähe.» Rachid, das Schlitzohr, er grinst, als ich ihn frage, warum er denn heulen müsse. Weil die Frau so weit weg sei? Oder weil ihn jeder Blick daran erinnere, dass er sich für die falsche entschieden hat?

Der Zustand seiner Zähne und Sandalen beweist, dass ihm nicht viel bleibt von der anderen Hälfte seines Lohns. Rachid grinst wieder. Ein bisschen bleibt immer, «pour les copines», für die Mädchen. Die ihn bisweilen trösten. Eine halbe Nacht, bis er wieder antreten muss beim Grafen.

Nachts, als alle schlafen und zwölf von sechzehn Füßen in die Höhe ragen, ausgestreckt auf der Rückenlehne des Vordersitzes, läuft der Fernseher noch immer. Ich schalte nicht aus, Neuerscheinungen auf dem Büchermarkt werden vorgestellt. Unter anderem dic Briefe, die

Consuelo Suncin de Sandoval an ihren Mann, den Schriftsteller und Piloten Antoine de Saint-Exupéry schrieb: «Les lettres du dimanche», die Sonntagsbriefe. Da jeden Sonntag aufgesetzt. Oft verfassten beide Briefe, ohne sie abzuschicken. Um sie sich gegenseitig beim nächsten Wiedersehen vorzulesen. Noch viele Sonntage nach seinem Tod schrieb sie ihm. Ich schlafe schlecht, wer wünscht sich nicht eine Frau, die sich so innig an einen erinnert.

Am nächsten Morgen begegne ich Harun, dem Mann mit den leuchtenden Augen. Beim Frühstück erzählt er sein Leben. Tunesier, in Marseille geboren, Kleinkrimineller bis zu dem Tag, an dem ihn eine ambulante Missionarstruppe zum Islam bekehrte. Die Diebstähle hören auf, er lernt Arabisch, redet heute von Frieden und Toleranz und den rasenden Fundamentalisten, die morden und den Namen des Islam in den Dreck ziehen.

Ich weiß nicht, ob er meint, was er redet. Manchmal leuchten seine Augen, manchmal stechen sie. Alle, die neugieriger auf Gott sind als auf ihre Zeitgenossen, machen mir Angst. Jetzt kehrt er in seine Heimat zurück, um zu heiraten. «Fromm» sei die Frau, die er sich ausgesucht habe. Zudem trage sie keine Hosen, auch das beruhige ihn.

Mittags legen wir an in Tunis. Wir stürzen hinaus, um nichts zu versäumen. Denn gestern Nachmittag traf ich in der Cocktailbar Claude. Rentner, reich, sprühend, sympathisch. Einer von vierundsechzig Motorradfahrern an Bord, die vom französischen Harley-Davidson-Importeur eingeladen wurden, an einer Spritztour durch Tunesien teilzunehmen. Die meisten Teilnehmer sind ältere Herren, die inzwischen ein paar Jahre Zeit hatten, dickere Geldbündel auf die Seite zu schaffen. Der Film *Easy*

Rider hat Claude seinerzeit umgehauen. Wenn auch heute nichts mehr easy ist: 350 Kilo wiegt das Motorrad, 100 Kilo der Fahrer, 50 das Gepäck, zusammen immerhin eine halbe Tonne.

Der ehemalige Unternehmensberater erlag dem amerikanischen Mythos von Weite und Abhauen: «Cruising», sagt er, cool über die Welt kreuzen. Cool mit Vollkasko: mit einem Mechaniker für den Platten, dem Onkel Doktor für die Bauchschmerzen, der Filmcrew für die Nachwelt. Tagsüber werden alle unter Polizeischutz ein paar Runden kurven, abends im sorgsam reservierten Five-Star-Bettchen einnicken. Eine Woche lang.

Während dieses Gesprächs beichtet Claude seine wachsend erotische Hingabe an Edelstahl: «Also, wenn ich's recht bedenke, dann streichle ich häufiger meinen Motor als meine Frau.»

Seit dem Geständnis sind sechzehn Stunden vergangen, jetzt ist es kurz vor dreizehn Uhr und es kommt zu einem staunenswerten Bild: Nahe dem Zollgebäude hat sich Khaled aufgebaut, lebenslänglich gelähmt, im hölzernen Rollstuhl. Und die halbe Hundertschaft Maschinen, keine billiger als 10 000 und keine teurer als 35 000 Euro kommt vor ihm zum Stehen. Die Erste Welt braust an. Und der Mann aus der Dritten Welt schaut zu. Links neben seiner Lenkstange hängt ein Plastikbecher für die Almosen. Der Kontrast ist so peinigend, dass ihn jemand aus dem Bild schiebt. Damit keiner den anderen stört. Ein Radio plärrt, Johnny Halliday singt «La musique que j'aime», die lieben Dicken machen sich auf ihre «route des mirages», die Route der Fata Morganas. Khaled lächelt. Wie macht er das?

Zwei

Wunderliches Tunis. Als wir unser Hotel betreten, warten Fatima und Karima auf uns. Nun, sie warten auf alle, die hier vorbeikommen. Das Haus ist offiziell ein «anständiges Haus», dennoch hat sich auch in dieser Weltgegend herumgesprochen, dass Reisende müde sind, einsam, nicht unempfänglich für die Wärme von Frauenhänden. Wie menschenfreundlich, wie weise sie hier handeln. Wie diskret sie in dieser Pension Widerstand leisten gegen die amtliche Moral. Wann immer die beiden herüberlächeln, bete ich leise: «Fatima und Karima sollen leben, dreimal hochleben.»

Noch einer soll hochleben, Nabil, der Junge an der Rezeption. Er spricht ein einfaches Französisch und möchte es verbessern. Er meint das todernst, geht mit mir die Konjugationen durch, bittet um ein Grammatikbuch aus Paris. Bewundernswert, wenn einer sich vornimmt, von allein aufzuholen. Man weiß dann wieder, wie unverschämt privilegiert das eigene Leben verläuft. Nabil muss kämpfen für das, was andere geschenkt bekommen haben.

Ein Zwischenruf: Das hier ist keine Weltreise, sondern die Beschreibung einer Weltreise. Wie die Pfeife auf dem berühmten Bild von Magritte keine Pfeife ist, sondern die Darstellung derselben. Sie ersetzt weder den schönen Dunst noch das Wohlgefühl der Entspannung, noch die Aussicht auf Lungenkrebs. Ähnlich hier. Wenn das Lesen dieser Seiten irgendeinen Sinn haben soll, dann den folgenden: den Leser mit Sehnsucht vergiften. Damit er den Mehlsack in sich vergisst, den Ranzen schnürt und losrennt. Erst ab diesem Augenblick besteht die Möglichkeit, dass auch ihn die Freuden und Niederlagen eines solchen Unternehmens einholen. Hautnah.

In der Medina treffe ich Hoshimo, Fotograf aus Japan. Heute Vormittag war er zum dritten Mal in Dougga, dem Ort mit den berühmten römischen Ruinen. Und zum dritten Mal musste er unverrichteter Dinge abreisen. Weil keine Sonne strahlte. Hoshimo arbeitet für einen Reiseveranstalter in Tokyo, und ein Himmel ohne Sonne kommt nicht infrage. Ein bewölktes Kapitol, wen soll das verlocken? Der Profi weiß es genau: «Ich verkaufe Träume, nicht die Wirklichkeit.»

Ein arabischer Souk funktioniert als Fundgrube. Zum Finden eigenartigster Wesen. Ich frage nach einer Buchhandlung, und Abdul will mich hinführen. Ich registriere, dass er seltsam langsam geht. Bis mir klar wird, dass er kaum sieht. Und wir anhalten, ich ihn bei der Hand nehme und in ein Café bringe. Der Mann ist fünfzig und ich bin froh, dass er mein überraschtes Gesicht nicht sieht. Wer in dem Alter so aussieht, muss ein schwieriges Leben hinter sich haben.

Während seines Jurastudiums legte sich Abdul mit dem Staat an, protestierte gegen die Politik von Präsident Bourguiba, rief nach mehr Gerechtigkeit und Freiheit, wurde verhaftet, hatte in monatelanger Dunkelhaft Gelegenheit nachzuprüfen, dass es beides nicht gab. Als er die Zelle verließ, sah er rechts nichts und links nur noch Schemen und Schatten. An ein Studium war nicht mehr zu denken, jahrelang musste er sich jede Woche bei der Polizei melden. «J'ai perdu ma vie», ich habe mein Leben verloren, sagt er ruhig. Im Eigenstudium brachte er sich Französisch und einen Grundwortschatz Deutsch bei. Er spart auf eine Operation, ein Auge wäre vielleicht noch zu retten. Er bereut nichts. An die göttliche Gerechtigkeit glaubt er noch immer: «Gott sieht mich, Gott wird sich meiner erinnern.»

Tunesien muss sich anstrengen. Noch immer steht es im Schwarzbuch der Menschenrechtsverletzungen. Ein Blick in die Presse zeigt, dass der Weg noch weit ist. Präsident Ben Ali, zuletzt im Oktober 1999 mit 99,44 Prozent Jasager-Stimmen bestätigt, lässt regelmäßig eine Riege Journalisten antanzen, um sich jeden Tag eine Hymne schreiben zu lassen. Heute titeln sie: «Ben Ali gilt als Vorbild in der arabischen Welt.» Und Fotografen tanzen auch an. Damit sein Bild jeden Tag auf der ersten Seite landet. Seit vierzehn Jahren.

Mich lässt Ramsi antreten. Er sieht mich streunen und wickelt mich ein. Instinktiv fühlt er, dass ich nach Geschichten schnüffle, also auf jeden hereinfalle, der mit geheimnisvoller Miene «une belle histoire» ankündigt. Nach zwei (von mir bezahlten) Bier rückt er sein Geheimnis heraus: Er hätte gern ein Visum für Frankreich. Als ich darauf verweise, dass ich gerade keines bei mir habe, meint Ramsi treuherzig: «Dann eben eine Flasche Wein.» Das klingt absolut logisch, der Alkohol soll ihn über die Aussicht trösten, heute nicht nach Europa auswandern zu dürfen.

Anstrengendes Land. Ich sitze auf der Terrasse des Café des Cheminots, und drei Meter entfernt bricht ein Mann zusammen. Mitten beim Überqueren der Straße. Man trägt ihn auf den Bürgersteig, setzt ihn auf, lehnt ihn gegen eine Hausmauer. Ironischerweise neben einer (geschlossenen) Apotheke. Ein Kranker, meint jemand, irgendeine Attacke. Ich finde zwei Rezepte in seinen Taschen, leider nicht zu entziffern. Bald kann der Mensch reden, haucht den Namen seines Wohnorts, weit draußen. Außer den beiden Zetteln trägt er nichts bei sich. Auch keine Dinare, um ein Taxi nach Hause zu bezahlen. Eine Polizeistreife kommt vorbei, zufällig. Ich bitte den Fahrer, einen Krankenwagen zu schicken. Der Polizist nickt, fährt weiter und ein paar der Umstehenden lachen. Hier käme keine Ambulanz vorbei und der Kranke wäre nicht krank, sondern blau. Der erste Teil des Satzes stimmt, denn auch nach einer halben Stunde taucht kein Notarzt auf. Ob der Alte ein Alkoholiker ist – schwer zu sagen. Er riecht nicht. Ich führe ihn in eine Ecke des Cafés und bestelle einen Cappuccino für ihn. Bin nicht sicher, ob das genügt. Sicher nicht.

Dafür habe ich einen neuen Freund. Kellner Abdelasziz spielt mir seine Telefonnummer zu. Mit der Bitte, ihn morgen anzurufen. Für ein Rendezvous zu einem gemeinsamen Spaziergang. Was meine Stimmung eher drückt. Jetzt sind es zwei Männer, die ich enttäusche.

Abendessen mit Uli Reinhardt im Bella Italia, laute, enge Kaschemme. Und wieder nur Männer. Das Freitagsgebet hat heute offensichtlich nicht angeschlagen, zweimal gehen Raufbolde aufeinander los. Und immer sofort dazwischen der massige Patron. Souverän hält er den grimmigeren Wüstling fest und bietet ihm gleichzeitig an, sich auszusprechen. So schlägt der Grobian nichts zu Trümmern und verliert trotzdem sein Gesicht nicht.

Auf uns kommt Kadel zu, er liebt Deutschland und sagt immer: «Mein Deutschland.» Sechs Monate hat er dort verbracht. Gearbeitet?, frage ich und Kadel, der Poet: «Nein, nur spazieren gegangen.» Er lädt uns zu einem Glas Orangensaft ein, dazu bekommen wir Küsse auf Hals und Stirn und die unwiderrufliche Versicherung, dass er «sein Deutschland» liebt.

Eigenartig, Gleichgültigkeit will nicht aufkommen bei der Erwähnung von «Allemagne»: entweder Anbetung oder Verachtung. Zwischentöne gibt es nicht.

Bettlektüre, in «La Presse» steht: Timothy McVeigh, der Bombenleger von Oklahoma, hat den Wunsch geäußert, seine Hinrichtung solle weltweit übertragen werden. Noch im Augenblick des Todes will einer sich herzeigen, verlangt er den Zuschauer. Das Ende eines Herostraten: Ich morde, also bin ich berühmt, also bin ich.

Am nächsten Morgen auf nach Sidi Bou Saïd, keine zwanzig Kilometer westlich der Hauptstadt. Zuerst entdeckten es die Maler. Weil hier ein Blau vom Himmel fällt, das zu allen anderen Blaus inspiriert. Weil das Dorf noch «stimmt», die weißen Häuserwände, die griechisch blauen Fensterläden, das grüne Meer. Alles noch da. Auch wenn die Maler inzwischen geflüchtet sind, während nun im Zehn-Minuten-Rhythmus Großraumbusse anlanden und die Reichen aus den reichen Ländern abladen. Und ich die Herren Sabbatini und Tanaka und Pichler erwische, wie sie Quadratkilometer einer aberwitzig schönen Welt links und rechts liegen lassen, um stattdessen hartnäckig auf die winzige Mattscheibe ihres Camcorders zu starren. Hingerissen von einem Medium, das ihnen den Blick auf die Wirklichkeit raubt. Ich gäbe mein Abendessen, liefe jetzt ein Satz des englischen Nobelpreisträgers William Golding über ihren Bildschirm:

«Heute haben wir wieder viel fotografiert und wenig gesehen.»

Wiedersehen mit Hoshimo in einer Seitengasse. Heute strahlt er, die Sonne scheint. Auf Zehenspitzen schaut der Fotograf durch den Sucher seiner edlen Lindhof und knipst hurtig Träume. Heute ist das Wetter genau so, wie ein japanischer Reiseveranstalter es von Tunesien fordert.

Ich schleiche durch das Hotel Dar Saïd, wörtlich übersetzt: Haus der Freude. Sehr wahr. Ein Wunder arabischer Architektur, die grenzenlos geschmackvoll eingerichteten Zimmer, die Stille, die Schatten, die leuchtenden Bougainvilleen. Vor drei Generationen stieg André Gide hier ab. Und notierte in seinem Tagebuch die «Gesten des Schriftstellers». Eben schreiben und lesen und sich hingeben. Ungeniert teilte er der Welt mit, dass ihm ein Land umso besser gefiele, «je mehr Gelegenheiten es zur Unzucht bietet».

Sidi Bou Saïd hat auch Witz. Auf dem Nachhauseweg komme ich am Taxistand vorbei. Eine schwer atmende Frau ruft auf Deutsch – mit slawischem Akzent – einem Fahrer zu: «Meine Mann noch kommen noch.» Und der Tunesier, sachlich und hilfsbereit, ruft zurück: «Ich warten oder nehmen Frau allein?»

Zurück nach Tunis. Ein Samstagnachmittag. Beinahe so öde wie ein Sonntagnachmittag. Und die Arbeitslosen noch arbeitsloser. Und «les muristes», die Mauerlehner, lehnen noch zahlreicher an den Mauern. Und die fliegenden Schlosser hocken noch länger am Straßenrand. Und die Tagelöhner, die mit ihren Leiterwagen Kühlschränke oder Schweine transportieren, schwitzen noch hartnäckiger in der Sonne. Nur die Schwarzhändler mit ihren garantiert falschen Rolex-Uhren, mit ihren Mixern und Bügeleisen müssen schuften. Weil zwei Polizisten in Zivil auftauchen und die Uhrenimporteure in Höchstgeschwindigkeit die Kisten packen. Aber plötzlich halten sie inne, da die beiden Ordnungshüter sich bereit erklären, ein handliches, sprich unauffälliges Geschenk entgegenzunehmen.

Hinterher spreche ich mit Nissim, dem Rolex-Chef. Die kleine Aufmerksamkeit würde eine Woche halten. Dann müssten neue Aufmerksamkeiten folgen.

Abflug nach Kairo. Uli Reinhardt und mir fiel kurz zuvor wieder ein, dass es 40 000 lange Kilometer rund um den Globus sind. Und dass Feinde lauern: schlaftrunkene Staatsdiener, die keine Visa herausrücken. Gereizte Grenzer, die «wofür» fragen und auf unsere Computer und Kameras deuten. Malade Telefonbuchsen, die nie ein Bild und den Text übertragen. Und der Todfeind: die Zeit, die lächerlichen sechzig Tage. Fazit: Kompromisse sind fällig, der erste heißt Libyen, heißt Libyen überfliegen.

Ruhiger Flug, in meiner Nähe sitzen drei Damen. Als der Duty-free-Verkauf beginnt, verhandeln sie ausdauernd mit der Stewardess, bevor sie die Kreditkarten ziehen. Sonst tun sie nichts, auch nicht Wolken und Erde anschauen. Nur fliegen und kaufen. Ja doch, bisweilen sehne ich mich nach einem so fraglosen Umgang mit dem Leben.

Das ist der rechte Augenblick für ein Wüstenmärchen. Es erzählt von dem Glück, etwas zu finden, was einer tatsächlich braucht, einen tatsächlich bereichert. Denn ich sehe die Gesichter der drei Frauen und sie scheinen – nach dem Kauf – um keinen Deut froher. Der Klimbim, den sie sich gerade einhandelten, hat nur eine Wirkung: Er weckt den Wunsch, bald neuen Klimbim zu erstehen. So mickrig, so kurzatmig ist der Kick.

Hier das Märchen: Eines Tages kamen eine Hand voll stolzer Mauren nach Frankreich. Männer der Wüste, die nichts anderes kannten als den Sand und den Koran. Es war die große Zeit der Franzosen, als ihnen die Sahara allein gehörte. Und sie luden die Beduinen ein, um ihnen die Wunder des weißen Mannes vorzuführen. Seltsamerweise überwältigten nicht die Radios und Eisenbahnen die Afrikaner. Nein, zu heulen fingen sie an, als sie zum ersten Mal einen Wald sahen. Und sie standen verzaubert vor einem Springbrunnen, unfähig, sich von diesem phantastischen Anblick zu lösen. Bis der begleitende Reiseführer mürrisch zum Aufbruch mahnte:

– Wir müssen weiter, kommt.
– Das geht nicht, wir müssen warten.
– Warten auf was?
– Auf das Ende.

Sie konnten nicht fassen, dass das Wasser nicht enden, dass es auf ewig sprudeln würde.

Landung in Kairo, dem Stier. Wer sich mit der Stadt anlegt, muss in den Staub. Oder er wächst. Aber Staub schlucken und Demut üben, das muss sein. Der Besucher hat noch keine drei Minuten seine Füße auf dem Boden, und schon beginnt ein Spiel, das Insider – die Ex-Opfer – «hotel scam» nennen. Es funktioniert so: Während man auf sein Gepäck wartet, kommen die ersten Zuhälter gelaufen. Ihre Partner sind keine Huren, sondern Hotelbesitzer, die eine Provision springen lassen, wenn die Zutreiber die Opfer in ihre Häuser abschleppen. Meist Stinkbuden in stinkiger Umgebung. Hat man sich bereits für eine andere Übernachtungsmöglichkeit entschieden, so ist die glatt «verschwunden». Oder wurde eben renoviert, sprich «irrsinnig teuer». Oder wegen «Einsturzgefahr» zugenagelt. Unser Hotel – ich kenne es seit Jahren – wäre wegen einer «Ungezieferseuche» nicht mehr betretbar. Als sie das schwindeln, muss ich laut lachen. Die

Meldung könnte stimmen, der Familienbetrieb sah schon immer wüst aus. Aber er liegt mittendrin, mitten in der Stadt. Und die Koje ist billig. Gut so, denn wir haben noch einen Feind: das strenge Budget.

Vor der Aufzugstür zu unserer Absteige beginnt die erste Story. In Kairo muss man sie nicht suchen, sie kommen von selbst. Eine Mitarbeiterin der österreichischen Botschaft besucht einen Landsmann, der sich beim Reisen durch Ägypten ein paar Probleme zugezogen hat. Wir fahren gemeinsam hinauf zur Rezeption. Mark aus Wien wartet bereits, redet mit der hilfsbereiten Angestellten und bittet offiziell um Geld, da ihm alles gestohlen wurde.

Ein interessanter Bursche. Blitzgescheit und strohdumm. Papiere und Bargeld hat er in einer Reisetasche herumliegen lassen und wundert sich nun, dass beides aus seinem Zelt verschwand. Doch Mark hat noch andere Lasten zu schleppen. Vor vier Monaten wurde multiple Sklerose bei ihm diagnostiziert. Sein oft müder Körper muss sich stundenweise setzen, um die schweren Beine auszuruhen. Seine Augen sehen doppelt, er vergisst sein Englisch und Italienisch, denken strengt ihn an. Vielleicht ist das der Grund für seinen Leichtsinn bei Wertsachen. Auffallend sein abwesender Tonfall, er redet, als hätte er Grippe, nicht MS. Als Malheur-Mensch scheint der Fünfundzwanzigjährige begabt zu sein. Er zeigt mir die großflächigen Brandwunden an seiner rechten Schulter, wo ihn vor Jahren ein Blitz erwischte. Er hat sich einen sinnigen Beruf ausgesucht, *Performer,* sagt er. Dass Mark noch immer reist, noch immer die ägyptische Wüstensonne herausfordert, wie bemerkenswert.

Der tapfere Uli Reinhardt. Er traut sich hinaus zu den Pyramiden. Wer dort als Einzelmensch – nicht als wohl behütetes Gruppentier – einen langen Tag ohne Lust auf Mord übersteht, der hat es geschafft, der ist unwiderruflich Menschenfreund geworden. Denn die «friends», die den «friend» jagen und nach «baksheesh, baksheesh» hungern, sie greifen an letzte emotionale Reserven. Schon Mark Twain, der hier vor hundertsechsunddreißig Jahren ankam, notierte zehn Stunden später: «Wir litten Qualen, die keine Feder beschreiben kann.»

Ich traue mich nicht vor die Tür. Weil wir einen Deal mit drei deutschen Zeitungen haben. Jeden Dienstagabend müssen wir Fotos und Text liefern. Eine Weltreise unternehmen ist ein alter Hut. Neu ist, dass wir im Printmedium live, fast live, davon berichten. So falle ich an einem Tag der Woche aus. Um in einem drittklassigen Hotelzimmer zu schreiben. Um das zu finden, was ein französischer Reporter «le temps intérieur» nannte, die innere Zeit. Zum Denken, zum Denkenverlangsamen, zum Wörtersuchen.

Allein in einem Zimmer sitzen, das kann euphorische Gefühle auslösen. Hier in Kairo sind diese Momente besonders zahlreich. Weil ich des Öfteren vom Fenster aus auf drei Straßen blicke, alle randvoll mit Autos, die stillstehen. Ab und zu blökt eine Hupe. Ausgelöst von einem Schaf, das noch nicht begriffen hat, dass es sich mitten in der unbeweglichen, unbelehrbaren Schafherde der Autofahrer befindet.

Heute Abend werde ich passend dazu in der Zeitung lesen, dass viele in der Stadt neu gepflanzte Bäume nicht lange durchhalten. Nur so lange, bis sie von den Schafen mittels Abgasen eingeschläfert oder von einem Schaf im Vollgasrausch umgenietet werden.

Es gab einen vierten Chefredakteur, der an dem Projekt der Weltreise interessiert war. Er schlug vor, zu der wöchentlichen Reportage eine kurze Kolumne unter dem Titel «Daumen rauf, Daumen runter» zu liefern. Er hatte sich vorgestellt, dass wir – Monumente abklatschend und in feinen Häusern logierend – eine Art Reiseführer für Renommisten und Feinschmecker kabeln. Lieber nicht. Aber heute, an einem Montag in Kairo, umzingelt von zehntausend Tonnen Blech, ließe sich guten Gewissens sagen: «Daumen runter!»

Verabredung zum Abendessen mit dem Fotografen. Auf dem kurzen Weg dahin sehe ich einen Mann neben einer Reihe Gasflaschen sitzen. «Extremely flammable» steht da ein Dutzend Mal geschrieben. Und auf unnachahmlich entspannte Weise zündet sich der Besitzer eine Zigarette an, hantiert mit den Flaschen, redet mit einem Kunden. Automatisch beschleunige ich meinen Schritt und weiß einmal mehr, dass uns zwei ein unbezahlbares Gen unterscheidet, jenes der Arglosigkeit. Ein Geschenk der Götter, durch keine irdische Meditation je erreichbar.

Uli Reinhardt zieht es in die erleseneren Speisesäle, also doch Feinschmecker. So lande ich an einem Tisch im Hilton und sehe lauter Wichtige, die alle fünf Minuten zu ihrem Handy greifen. Unermüdlich damit beschäftigt, nicht *da* zu sein, sondern woanders. Immer erreichbar, immer anwesenheitspflichtig. Wie geheimnislos. Ich merke, dass ich wieder einmal einen Zeitgeist verschlafen habe. Unerträglich, mit welcher Kaltschnäuzigkeit sich der Angerufene von seinem Gesprächspartner am Tisch abwendet. Ohne ein Wort der Entschuldigung. Wie dröge müssen die Gespräche sein, wenn man sie so leichtfertig für ein anderes Gespräch unterbricht. Sich auf *eine* Sache zu konzentrieren, was für ein altmodisches Ziel.

In einer französischen Zeitung las ich eine Umfrage zu

den Gründen, warum Leute ein Handy besitzen. Eine immer wiederkehrende Antwort: «Vielleicht passiert etwas Dramatisches, und ich muss erreichbar sein.» Das *Red-Adair-Syndrom* geht um, benannt nach dem berühmten Feuerwehrmann aus Texas: «Red, komm sofort nach Kuwait, du musst löschen, die Pipelines brennen.» Das Furchtbare: Bei 95 Prozent der Handy-Menschheit brennt nichts, passiert nichts Dramatisches. Das Leben bleibt auf dramatische Weise banal. Bauchweh vor Lachen, als ich aus der «Le Monde» erfuhr, dass das Lieblingsklingeln augenblicklich die Musik aus «Mission Impossible» ist.

Natürlich gehöre ich zu den 95 Prozent. Nicht ein einziges Mal in allen Jahren war ich in einer so dramatischen Lage, dass ich ein Handy gebraucht hätte.

Wie dem auch sei, ab morgen werde ich wieder nach Kaschemmen suchen. Wo sie raufen und schreien und am Leben sind.

Vierundzwanzig Stunden später sitze ich auf der Terrasse eines verwetzten Cafés. Die kalte Seite dieser Stadt habe ich hinter mir, jetzt kommt die warme, jetzt kommt Kairo in Hochform. Eine Brise vertreibt die Hitze, man hört Männerlachen und klackernde Dominosteine. Ein Mann stellt seinen Bauchladen mit Musikkassetten ab, der Blumenmann kommt, der Mechaniker, niemand scheint es eilig zu haben, den Heimweg zur Familie anzutreten, «le grand ennui» laut André Gide. Ahmed bringt die Wasserpfeife, der Wind fährt in die Glut, der Tabak steigt kerzengerade zu Kopf, besänftigt, jetzt ist Zeit, sich zu erinnern. Den Nachmittag verbrachte ich in der El-Nabouiah-Gasse. Dort verläuft die Mauer, hinter der sich das größte Zuchthaus der Stadt befindet. Die Angehörigen stehen in der schmalen Straße und schreien hinauf zu den Gefangenen. Und die pressen ihre Gesichter an die

Gitterstäbe und schreien zurück. Im obersten Stockwerk befinden sich die zum Tode Verurteilten. Sie reden, als müssten sie nicht sterben: «Mir ist kalt, bring mir eine Decke.» Und seine Schwester, dreißig Meter weg: «Ja, ich komme morgen wieder.»

Merkwürdig, kaum ist die Szene in meinem Kopf zu Ende, durchströmt mich ein Glücksgefühl. Das Glück, frei zu sein. Das andere Glück: zu reisen. Denn das äußerste Gegenteil von Unfreiheit ist desertieren dürfen, wegrennen vom voraussehbaren Leben, auf und davon können.

Vor der Rückkehr ins Hotel noch ein Gespräch mit Ahmed. Wir sehen schöne Ägypterinnen an uns vorübergehen, und der junge Kerl redet, als hätte er meine Gedanken gelesen: «Sure beten, Frau verschwunden.» Die beneidenswerten Moslems, eine Zeile aus dem Koran aufsagen, und schon scheint der Hunger nach Haut und Wärme gebannt. Gottlose können nirgends nachschlagen. Sie werden die Sehnsucht nicht los.

Ich kehre immer mit Freude in das Hotel zurück. Weil der Blick dabei auf das Schild mit dem Straßennamen fällt: Jean-François Champollion. Ein begnadeter Ägyptologe, der, bevor er mit einundvierzig Jahren starb, das Geheimnis der Hieroglyphen entziffert hatte und in sechsunddreißig Sprachen redete.

Im Bett liegend, fällt mir noch eine Szene aus der Kantine der American University of Cairo ein. Mein Blick fiel auf ein Liebespaar, und ich bemerkte verwundert, wie behutsam und zart der junge Araber über das Gesicht seiner Freundin schmuste. (Die AUC ist sicher der einzige Ort in dieser Stadt, wo derlei Nähe öffentlich möglich ist.) Bemerkenswert, wie überrascht ich war, dass arabische Männer so sorgsam mit ihren Frauen umgehen.

Mit Taxifahrer «Mohamed OK», so nennt er sich, weil er alles in Ordnung bringt, zum Busbahnhof. Auf der Reise dorthin – sie dauert, da wir nun selbst als Schafe neben Schafen kriechen – versucht der eloquente Mohamed, uns den Bus auszureden und sein Taxi-Sonderangebot anzunehmen. Mister OK ist eine Show, er versucht jeden Trick, um uns umzustimmen, lautmalerisch führt er uns vor Augen, dass a) Männer in Bussen schnarchen, b) Frauen in Bussen keifen und c) Motoren von Überlandbussen extrem ungute Geräusche produzieren, wenn die Vehikel nicht gleich zwischen den Sanddünen stranden. Zum Beweis der Bonität seiner Argumente zieht OK den Brief einer holländischen Familie heraus, die wortreich bestätigt, dass Mohamed absolut o. k. und kein Besserer zu finden wäre. Klar, er wisse Bescheid: So manches Früchtchen in Kairo würde sich dem Fremden als so genannter Freund nähern. Aber hallo, aber Achtung, nicht er, nicht Mohamed OK, er wäre ein wirklicher Freund. Das stimmt, lachend und herzlich entlässt er uns an der Haltestelle.

Ach, hätte Mohamed nur wahr gesprochen. Keiner schnarcht, keine keift, gleichförmig schnurrt der Motor. Entlang der strategisch wichtigen Strecke steht alle zehn Kilometer eine Kaserne. Einmal fällt der Blick auf einen Soldaten, ohnmächtig vor Hitze hängt er über der Brüstung des Wachtturms.

Der Fahrradhändler in Suez hat zu, also mit dem Taxi hinaus zum Kanal. Etwas Verblüffendes passiert, ich stelle dem Fahrer eine Frage, und der Mensch sagt klar und deutlich: «No, I don't know.» Anstatt, wie hier üblich, mit dem Kopf zu nicken und ein Märchen zu erfinden, gibt er seine Ahnungslosigkeit zu. Ich sage dreimal danke. Ein Ja hätte Zeit gekostet. So mancher bestätigt nur, um den andern zu trösten, ihn nicht allein zu lassen mit seiner Ignoranz. Das Nein tut gut. Niemand wird schneller bescheiden als ein Reisender.

Wie ein türkisfarbener Aal liegt der Kanal in der Wüste. Mit einem kleinen Fährboot kann man in fünf Minuten von Afrika nach Asien schaukeln. Oder man läuft die Straße neben dem Kanal entlang und lernt staunen. Weil hinter den Dünen ein Dinosaurierdampfer vorübergleitet, Schornsteine durch den Sand ziehen und man nichts hört als Stille und Wind.

Mir fällt David Seymour ein, einer der Gründungsmitglieder der Fotoagentur Magnum. In einem Gespräch mit Freunden berichtete er von seiner neuen Wohnung in Rom und der Angst, er könne jetzt träge werden, so anheimelnd sehe sie aus. Doch der Fotograf hielt die Trägheit nicht aus und flog 1956 hierher, um über den blutigen Konflikt zwischen Ägypten und den französisch-britischen Interventionstruppen zu berichten. Wenige Tage später war er tot. Erschossen.

Ich werde von einem Rudel Teenager verfolgt, deren einziges Ziel zu sein scheint, vor einem blonden Fremden zu stehen und ihn nach seinem Namen zu fragen. Auf Englisch natürlich, und sich dann kichernd abzuwenden. Was, zum Teufel, erwarten sie sich von diesem Kasperltheater?

Abends zurück ins quirlige Suez, heute großer Einkaufstag, Heerscharen von Großfamilien ziehen durch den Bazar. «Eddy» hat keine Familie und schließt sich mir an. Jetzt bin ich nicht der blonde, sondern der reiche Fremde. Aber Eddy – eigentlich Mohamed Ali, aber jeden erinnert sein Gesicht an Eddy Murphy – ist ein feiner Kerl. Wir gehen in eine christlich geführte Bierbar, und der Seemann erzählt, dass er seit Monaten arbeitslos auf dem Trockenen sitzt und sich derweil als Lustboy an ausländischen Geschlechtsteilen verdingt. Würden die meinen nach ihm verlangen, er stünde zur Verfügung. Zu einem Freundschaftsrabatt. Ich frage den Neunundzwanzigjährigen nach seinem glücklichsten Tag, und Eddy meint, der wäre noch nicht gekommen. Aber es wäre jener Tag, an dem er zum Flughafen ginge und fortflöge. Fort aus Ägypten.

Später will ich allein sein, wieder das Drängen nach Schweigen und Lesen, ich setze mich ins hinterste Eck des Café Mekka. Das ist der richtige Name, denn mit religiöser Hingabe schlage ich die noch einmal in Kairo gekauften Gedichte von Konstantinos Kavafis auf. 1863 wurde der orientalische Grieche in Alexandria – zwei Stunden von Suez entfernt – geboren. Zu Lebzeiten publizierte er kein einziges «offizielles» Buch, doch bei seinem ersten Besuch in Athen – das einzige Mal, dass er als Erwachsener Alexandria verließ – wurde er wie ein schreibender Gott empfangen.

Sein so privilegiertes, so problematisches Leben. Aufgewachsen im Luxus, in England erzogen, gab er sich in Alexandria ganz seinen Neigungen und Versuchungen hin. Veröffentlichte in Zeitungen, gab bisweilen einen Privatdruck für Freunde heraus, arbeitete in späteren Jahren in der Nilverwaltung. Was in seinen Gedichten so anrührt, ist der Mut, mit dem er von der Einmaligkeit und der skandalösen Kürze des Lebens schreibt. Der man nur begegnen könne mit unverhohlener Hingabe an die Sinnlichkeit. Oft spricht Kavafis von seiner Sucht nach Schönheit, der Sehnsucht, sie zu berühren und von ihr berührt zu werden. Als hätte er geahnt, dass er bereits 1933, als Siebzigjähriger, an Rachenkrebs sterben würde. In «Ein alter Mann» verweist er auf unser aller Todsünde: «… Und dennoch scheint ihm, die Zeit seiner Jugend / erst gestern war. Welch kurze Dauer, welch kurze Dauer. / Und er grübelt, wie sehr die Vernunft ihn gefoppt / und wie sehr er ihr vertraut hat – welch Wahnsinn! – / der Lügnerin, die sagte: «Morgen. Du hast noch viel Zeit.» / Erinnert sich der Begierden, die er unterdrückt, der vielen / Freude, die er geopfert hat …»

Kavafis war Kind, auch Opfer seiner Zeit. Einträge in das Tagebuch berichten von seiner «Unfähigkeit», seine Homosexualität zu unterdrücken («Ich schwöre, ich werde es nie wieder tun!»), von seinen Schuldgefühlen und der «Sünde», in erotischen Notzeiten zu onanieren. (Was man nicht ohne brüderliches Grinsen zur Kenntnis nimmt.) Dennoch, meist ließ ihn die Bigotterie der moralisch Hochgerüsteten kalt. Ich will die letzten Zeilen eines Lieblingsgedichts vorstellen, es heißt «Fragte nach der Machart». Es geht um einen hübschen Kerl, der abends, am Ende seiner «öden Arbeit», nach Hause schlendert. Und plötzlich in einem schäbigen Laden ein Gesicht und eine Gestalt – Frau? Mann? – sieht, die ihn hineinziehen:

… und er ging hinein und bat,
dürft er wohl ansehen farbige Taschentücher.
Fragte nach der Machart der Taschentücher
und was sie kosten mit erstickter Stimme,
fast erloschener unter der Begierde.
Und entsprechend kamen die Antworten,
halb zerstreut mit gedämpfter Stimme,
mit darunter verborgenem Einverständnis.
Sagten sie auch etwas von der Ware – aber
einziges Ziel: dass ihre Hände sich streiften
über den Taschentüchern, dass nah sich kämen
die Gesichter, die Lippen wie im Zufall,

blitzhaft mit den Gliedern eine Berührung.
Schnell und versteckt, dass ja nichts merke
der Ladeninhaber, der im Hintergrund saß.

Es gibt eine Sprache, bei deren Lektüre dem Leser der Herzmuskel schmerzt. Weil sie an unsere Mutlosigkeit erinnert, an unsere Finten, an jene Momente, in denen wir hätten stark sein sollen. Aber uns anders entschieden, für das Laue, das Lahme, die Sucht nach Komfort. Wer Kavafis liest, der wird diesem Schmerz nicht entkommen. Und nicht den Mahnungen, es sich anders zu überlegen. Er wird die bittere Sprache als Lebenselixier begreifen, als zornigen Weckruf, als Peitsche.

Diese Nacht peitscht mich Allah, das in den Himmel schallende «Allah Akbar» will nicht abreißen. Es scheint, als riefen seine Anhänger so verzweifelt, weil keiner antwortet. «Gott ist groß», und Gott hört nicht hin. Die Idee, dass keiner antwortet, weil keiner da ist, diese Idee kommt den Schreiern nicht. Unverdrossen schreien sie weiter.

Am nächsten Morgen muss ich über «Rezeptionist» Salim hinwegsteigen. Er schläft im Flur und bewacht den Eingang. Wie eine Leiche in Decken gewickelt liegt er da. Eine Horde Fliegen surrt penetrant über seinem Kopf. Nachtportier in Suez, das ist ein hartes Brot.

Abfahrt mit dem Bus, quer über die Halbinsel Sinai. Der Fahrer hat vor, uns auszulöschen, und legt eine Videokassette mit einer orientalischen Familiensaga ein. Aufgeführt von einer Mannschaft brüllender Hauptdarsteller. Und einem verschwiegenen Killer, der mit Hilfe eines Goliath-Küchenmessers die Familie dezimiert. Er hat sofort unsere Sympathien. Bedenklich nur: Bei jedem Stecher schaut der Fahrer nach oben zum Gerät. Dann nickt er beifällig, die Geste scheint eindeutig: Noch herrscht Gerechtigkeit.

Irgendwann sind alle niedergestochen, die vom Volk geforderte Quote Gemetzelter scheint erreicht, Stille. Ich schaue hinaus auf die Wüste und werde nach Stunden mit einem wunderbaren Bild belohnt. Zwei Männer beten auf einer Dünenkuppe, einer hinter dem andern, der Wind bläst in ihre Galabiyas wie in weiße Segel. Sie knien und beten, richten sich auf und knien wieder, immer synchron. Ein Bild von ungeteilter Harmonie. Unter einem gelbem Himmel, der zuletzt blutet, so rot, so pathetisch wird hier die Welt dunkel.

Ankunft nachts in Nuweiba. Hier liegt der Hafen, von dem aus wir nach Jordanien übersetzen. Uli Reinhardt zieht ins Hilton, ich ins nächste Café. Sieben Cafés mit sieben Fernsehern und fünf verschiedenen Programmen stehen zur Auswahl. Da eine Terrasse neben der andern liegt, entsteht ein gehöriger Lärm. Den immer frenetischeren Manifestationen der Zeit-Totschlagindustrie entgeht man weltweit immer mühsamer. Ich bleibe hartnäckig und finde einen Restaurantbesitzer, der gleich drei außergewöhnliche Dinge bietet. Einen stabilen Tisch, Ruhe, eine Story.

Hier ist sie: Nicht weit vom Hafen entfernt liegt das Dorf Mizena. Vor ein paar Jahren bemerkte ein taubstummer Junge einen Delphin, der sich immer wieder dem Ufer näherte. Eines Tages schwamm Abdullah hinaus, und die beiden freundeten sich an. Obwohl ohne Sprache, gelang es dem Jungen, mit dem Tier zu kommunizieren. Jeden Tag würde Abdullah nun auf dem Rücken des Delphins davonsegeln und wiederkommen.

Jetzt kommt eine Geschichte, eine ohne Liebe. Wadi, der Kneipenbesitzer, bringt mir drei gebrauchte Reiseführer, vergessen oder dagelassen von durchreisender Kundschaft. Ich blättere in einem englischen «travel companion» und lese folgende Empfehlung für das Auftreten in Jordanien: «Some ruthless bargaining is necessary», ein Spritzer rücksichtslosen Feilschens ist geboten. Wobei *rücksichtslos* die mildeste Übersetzung von ruthless ist. Andere wären «schonungslos», «erbarmungslos». Unüberhörbar, hier spricht der weiße Mann, hier schreibt einer, dem seine Hintergedanken rausrutschen, hier trifft einer unseren Umgangston mit dem Rest der Welt.

Am nächsten Morgen aufs Schiff, fünf Stunden durch den Golf von Aqaba. Sogleich setzen sich die arabischen Familien auf den Boden, bilden einen Kreis, stellen ihr Radio und den Gaskocher auf, kochen Tee, packen das Essen aus und teilen. Erstaunlich, wie sanft die arabischen Männer miteinander umgehen. Ihr Verlangen nach Wärme ausdrücken, sich küssen beim Begrüßen und Hand-in-Hand-spazieren-Gehen. Dabei nie als Homos verdächtigt werden. Was den tatsächlich Homosexuellen – schwer tabuisiert – das Leben ungemein erleichtert.

Die Weißen sitzen nicht im Kreis, sie sitzen nebeneinander, und jeder hat seinen Proviantbeutel dabei. Sie reden wenig und berühren sich nie.

Das wird ein reicher Tag, denn wir entdecken Mohamed, den Steuerprüfer aus dem Libanon. Zehn Tage Ferien in Ägypten liegen hinter ihm. Irgendwann überkommt den Kugelrunden und seine Bekannten die Lust, sich zu bewegen. Und wie ein graziöser Grizzly gibt er sich hin, tänzelt bald vor einer Reihe europäischer Frauen, die stumm und körperlos auf einer Bank festsitzen. Unübersehbar, der Grizzly will sie animieren, will ihnen Seele einhauchen. Ohne Intimität, ohne Berührung, ohne physische Nähe. Sich drehen sollen sie, sich der Musik überlassen, sich selber nah sein. Aber die Körperlosen schaffen es nicht. Sie werden es bereuen, sie wissen es jetzt schon.

Diesen Mohamed will ich mir merken. Von keiner allerletzten Wahrheit schwadroniert er, er weiß etwas Ergreifenderes: Er kennt das Glück des Augenblicks.

/// Drei

Er lag im Bett und schrieb Weltliteratur: Marcel Proust, Verfasser von *Auf der Suche nach der verlorenen Zeit*. Weil er ein Genie war, konnte er sich den folgenden Satz erlauben: «Die einzig wirkliche Reise wäre nicht sich aufmachen zu neuen Landschaften, sondern andere Augen haben.»

Wir anderen, die nicht als Proust geboren und nie als Genie sterben werden, wir müssen das Bett verlassen, den abgewetzten Alltag, die zu oft gehörten Wörter.

Ankunft um sechs Uhr abends in Aqaba, der Hafenstadt. Ich renne los, um die Warteschlange am Zoll zu vermeiden. Der Zöllner fragt begeistert: «Group?» Und ebenso begeistert antworte ich: «No.» Dreimal wiederholen wir den einfachen Dialog. Wer nicht im Rudel auftritt, muss sein Vorhandensein erst vehement beweisen. Man fühlt sich wie eine vom Aussterben bedrohte Gattung. Die Gattung des «no-sheep man» (ich glaube, Ralph Waldo Emerson erfand das Wort), frei übersetzt: der Mann, der kein Schaf sein will. Wobei die meisten davon ausgehen, dass wir bereits ausgestorben sind. Dann stehen sie konsterniert vor einem Überlebenden und fragen hartnäckig nach.

Vielleicht passt dazu folgende Geschichte: Auf dem Schiff traf ich einen Engländer, der mit fünfzig anderen Männern und Frauen an einer Tour rund ums Mittelmeer teilnahm. Alle mit Wohnwagen, alles im Voraus bezahlt, alle von einem Herbergsvater und einer Herbergsmutter rundum behütet. Irgendwann senkte Mike die Stimme: «Jedenfalls habe ich mein GPS eingepackt.»

Verkehrte Welt, je abenteuerferner der moderne

Mensch unterwegs ist, umso abenteuerlicher die Maschinerie in seinem Gepäck. Sie vermittelt ihm das packende Gefühl, dass er – für den schier aussichtslosen Fall eines Risikos – gerüstet ist. Unterwegs an der Leine und das *Global Positioning System* griffbereit haben, das klingt umwerfend witzig.

Vor Tagen las ich in der Zeitung, dass der Verkauf von Webcams sich im Vergleich zum letzten Jahr verdreifacht habe. Jene Kameras, die aus Wohnzimmer, Dusche und Bett direkt ins Internet übertragen. Wie erhellend: Das Leben bleibt trübe, aber die Mittel, dieses Leben aufzuzeichnen, also der Illusion zu verfallen, es wäre aufregend genug, es der Welt vorzuführen, diese Illusion nimmt rapide zu.

Trostloses Aqaba, schon zugerichtet für den Massengeschmack. So geschmacklos wie die Betonwarzen auf den Stränden von Eilat, drüben auf der israelischen Seite. Mir fallen der Reiseführer und seine Aufforderung zu rücksichtslosem Feilschen ein. Möglich, dass eine solche Architektur eine solche Sprache provoziert. Schonungslos sind sie beide.

Wir finden das formidable Hotel Al Khouli, sauber, einfach, in fester Hand von Mister Hussein. Er verspricht, er hält. Somit endet der Tag mit einem innigen Gefühl. Nach einer Woche stehe ich zum ersten Mal wieder unter einer betretbaren Dusche. Und es passiert das, was Hermann Hesse eine «Dankbarkeitsübung» nannte: weil einem plötzlich wieder bewusst wird, was für ein Glück den Körper übermannt, wenn warmes Wasser ihn berührt, wenn etwas lang Entbehrtes wieder zur Verfügung steht.

Am nächsten Morgen Busfahrt in die Hauptstadt Amman. Hinter den Fenstern leere, leere Wüste. Links von mir sitzt eine Jordanierin mit schwarzem Kopftuch. Elegant führt sie die Zigarette an die schönen, aber ja, rot geschminkten Lippen. Lauter gut aussehende Widersprüche. Um wie viel weniger sinnlich wirkte sie ohne das Kopftuch.

Bei der Ankunft greift uns Abuyussif, der Taxifahrer. Ein echter Gegner, denn heiter plappernd fährt er an genau jenen Unterkünften vorbei, zu denen wir wollen. Hier nämlich, man ahnt es sofort, fällt keine Provision für ihn ab. Ich erkläre ihm engelsgeduldig, dass wir dorthin wollen, wo die Stadt noch verlebt und verwinkelt aussieht. Aber Abuyussif lässt uns nicht aus der Schublade, in der er den weißen Mann verstaut hat, sagt schwungvoll: «Don't worry, you'll find cinemas, McDonald's and shopping.» Nach nochmals drei Extrarunden kommen wir an, und der fidele vielfache Familienvater hält die Hand auf. An der Rezeption und bei uns. Das Fell über die Ohren ziehen, das scheint bei Taxifahrern genetisch. Ich war selber einer. Nicht viele Arbeitsinstrumente verführen ausdauernder als ein Taxi zum nachlässigen Umgang mit anderer Leute Börse.

Im Laufschritt durch Amman, geschäftstüchtig und unansehnlich. Zu schnell gewachsen, zu Zehntausenden drängten die vertriebenen Palästinenser herein. So liegt unter dem strahlenden Himmel eine Stadt voll graufader Schuhschachteln. Sogar Kaffeehäuser, einer der erstaunlichsten Beiträge des Orients zum Weltfrieden, fehlen. Man muss sie suchen, die paar. Wie Geschichten erfahren, wenn der Ort fehlt, wo sie erzählt werden? Wie betrüblich, denn die Bewohner scheinen so hilfsbereit und fix.

Weiß noch einer, dass die Versicherungsgesellschaft *Lloyds of London* als «Coffeeshop» begann, in dem

Fremde palaverten und Informationen über Schiffsrouten, das Wetter und andere Risikofaktoren austauschten?

Immerhin finde ich das Café Jordan. An der Wand hängt die Mona Lisa, die scheu lächelnd ihre faulen Zähne verheimlicht. Kein König hängt, kein Diktator, keine Sure, nein, eine schöne scheue Frau.

Ich gehe auf den Tisch eines Mannes zu, um seinen gut geschnittenen Anzug zu bewundern. Der vierundsiebzigjährige Salah lädt mich ein, Platz zu nehmen. Solche Alten mag ich. Die, die sich nicht gehen lassen. Die noch Widerstand gegen die Müdigkeit leisten, noch immer Sorge um sich tragen. Salah berichtet von seinem Haus in Jaffa, das er eines Nachts – aufgefordert von einem Dutzend Gewehrläufen – fristlos verlassen musste. Und erzählt, dass er sich noch einmal in den Sand seiner Heimat legen wolle. Denn die Geste würde ihm helfen beim Sterben. Als ich sage, das könne ich gut verstehen, meint der Palästinenser, ich könne nichts verstehen. Niemand, der nicht selber aus seinem Land vertrieben wurde, habe einen Schimmer davon, was Exil im Leben eines Menschen bedeutet.

Im Freien treffe ich Tarek. Er sitzt auf einem Hocker vor einer Zweigstelle des Rathauses und verkauft «stamps», weshalb er sich als «stampman» vorstellt. Stempelmarken für Hochzeit, Scheidung, Erbe und Todesfall. Von seinen zehn Kindern hat der Neunundfünfzigjährige – einst in England als Mechaniker ausgebildet – noch sechs.

Gestern gab es Krach im Hause Tarek. Der Hausherr züchtigte die Mutter, die trotz seiner Aufforderung keine Extraportion Bananenpudding an die Kleinste austeilen wollte. Worauf die Gattin zu Allah betete, er möge den Gatten tot auf dem Küchenboden zusammenbrechen lassen. Da dieses Gebet unerhört blieb, werden die beiden, so Tarek, voraussichtlich einen Monat lang nicht miteinander reden. Dann muss *sie* kommen und um Vergebung bitten.

Das Thema belastet Tarek, er macht Zeichen, näher an ihn heranzurücken. Er fragt nach meiner Frau, «my girlfriend», er will es wissen: «Can you enjoy her?» Auf poetische Weise stellt er die einzige Frage, die ihn interessiert: Kannst du mit ihr schlafen? Das scheint Männer in einem Kulturkreis, in dem Heuchelei und erotischer Frust zur Tages- und Nachtordnung gehören, eindringlich zu faszinieren: Sich an einer Frau «erfreuen zu können», ohne dafür den ungeheuerlichen Preis einer Ehe bezahlen zu müssen, das muss ein unfassbares Glück sein.

Flug nach Indien. Auf dem Landweg durch den Irak, den Iran und Pakistan reisen? Natürlich ginge das. Lebten wir nur in einem geduldigeren Jahrhundert. Aber einmal in sechzig Tagen um den Bauch der Welt, so steht es im Vertrag. Da bleibt so manche Neugier auf der Strecke.

Eine Neugierde jedoch wird befriedigt. In der Zeitung steht, dass Paul McCartney die Vermögensliste der Musiker mit 1,02 Milliarden Dollar anführt. Jetzt noch souveräner anführt, da er von seiner verstorbenen Frau Linda schlanke 138 Millionen Pfund geerbt hat.

Ich bin sofort im Höhenrausch und stelle mir einen Fluggast vor, sagen wir in fünf Jahren, der aus der Presse erfährt, dass A. A. als Spitzenverdiener aller lebenden Schriftsteller ganz oben steht. Und gerade von seiner Ex eine Hugh-Hefner-Badewanne voller Scheine vermacht bekam.

Zwischenstopp in Dubai, Teil der Vereinigten Arabischen Emirate. In der Shopping Mall des Flughafens stinkt es nach Gold und Edelstein. Mehr, als eintausendundzwanzig Millionen Dollar kaufen können. So viel Protz liegt herum, dass man die Schwierigkeiten des Architekten ahnt, genügend Ablageflächen zu installieren. Es gibt die Anekdote von Aristoteles, wie er eines Tages über die Agora von Athen schlenderte und erleichtert ausrief: «Noch nie sah ich so viele Dinge, die ich nicht brauche.»

Drei Uhr morgens Ankunft in New Delhi. Da ich seit zwei Jahrzehnten in dieses Land verliebt bin, höre ich sofort beim Verlassen der Ankunftshalle die Vögel zwitschern und rieche die Glücksluft, die uns umgibt. Uli Reinhardt ist nicht verliebt, nennt mich «meschugge» und will ins Bett.

Kein einfaches Ansinnen. Ich habe ein Hotel im Kopf, direkt neben dem Connaught Place. Augenblicklich bricht die Magie des Landes aus, die schwarze. Der Rezeptionist will das Doppelte für die Nacht. Wir dachten, wir bekommen einen Rabatt, weil wir das Zimmer ja nur ein Drittel der Zeit benutzen. Nein, das Doppelte. Vielleicht als Strafe für die schlafraubende Stunde, in der wir auftreten.

Am nächsten Morgen liegen eine Mutter und ihr Kind dösend auf den schmutzigen Treppen unserer Pension. Vor der Haustür schwitzt die Stadt bei 43,7 Grad. Ein tornadoartiger Lärm durchpulst die Straße. Ein Busfahrer feuert seine Hupe ab, hundert andere Hupenbesitzer feuern hinterher. Vier Kinder schleppen schwere Bleche. Ein fünftes Kind fummelt an seinem Abszess. Ein sechstes schreit «Fuck off», als weitere Spenden meinerseits ausbleiben. Ein Krüppel robbt auf mich zu und küsst meine Füße. Drei wollen meine Schuhe putzen. Fünf wollen mich irgendwohin fahren. Einer mit Gipsbein dämmert in der Sonne. Einer streckt mir seine einzige Einnahmequelle entgegen, seine blinden Augen. Ein dünner Alter stellt sich in den Weg, zeigt auf einen Spatzen und verführt zu folgendem rätselhaftem Gespräch:

– Bird, Mister!
– I see, but what's the name of the bird?
– Special bird, Mister. Please, baksheesh, Mister.

Liebe ist ungerecht. Wer Indien liebt, der wird alle Widersprüche dieser Zuneigung erfahren. Denn ebenso viele Gründe existieren, um das Land zur Hölle zu schicken. Denn auch der zu Mitgefühl wenig begabte Zeitgenosse wird sich rühren lassen von dem in alle vier Himmelsrichtungen stinkenden Elend. Aber – und so reden die Verliebten – der Anteil an Leichtigkeit, an Zauber und aberwitzigen Einsichten, dieser Anteil ist größer als irgendwo sonst im Universum. Wer diesen Satz nicht verstehen will, wird ihn als zynisch empfinden. Er ist es nicht.

Mancher Reisende mag denken: Beim nächsten Besuch gibt es Indien nicht mehr. Dann ist es verschwunden, im Abgrund, im Loch der Unterwelt. Aber nein, es steht noch immer. So ist es, so wird es sein: Indien lässt sich nicht renovieren. Wer es aufräumen will, schafft es ab. Die zehrenden Angriffe auf unsere fünf Quadratmeter Haut sind der Eintrittspreis für die Magie. Ohne die Zumutungen kommt keiner ihr nah.

Ich fahre in den Norden, nach *Old Delhi*, jenen Stadtteil, der schon lange existierte, bevor die Engländer 1911 das neue Delhi anlegten. Bisher wurde keine Sprache erfunden, um den vierhundert Jahre alten Schlund zu beschreiben.

Ich will eine Szene vorstellen, sie soll eine Ahnung vermitteln von dem, was hier abgeht: Ich besuche Mahabir, wir kennen uns. Ein wundersamer Mensch, früher Broker an der Börse, nun seit langem aller Welt Freund. Nicht Hindu, nicht Moslem, nicht Sikh, Mahabir ist Jaina, Anhänger des Jainismus. Sehr beeinflusst von Buddha, aber noch viel radikaler, viel sanfter. Als ich sein Haus betrete, führt er mich zum Waschbecken. Wobei er hurtig noch eine Ameise wegschafft, denn ohne ihren Tod soll das Reinigen meiner Hände vonstatten gehen. Auf dem Weg in sein Zimmer fährt er mit einem federleichten Wedel über den Boden. Auf dass kein Insekt von uns zertreten werde.

Wir trinken Tee, Söhne kommen in sein von Manuskripten und Büchern übersätes Studio, Freunde kommen, der Briefträger kommt, keiner öffnet die Briefe, nichts scheint für den Moment wichtiger als dasitzen und zuhören und reden.

Mahabir steht noch immer auf Kriegsfuß mit den Fleischfressern und Rauchern. Er betreibt seit Jahrzehnten «anti-smoking campaigns», zeigt gräuliche Fotos von geschlachteten Kühen, zeigt noch gräulichere, vom Tabakgenuss entstellte Menschengesichter, zieht ein Buch hervor, in das alle Vorbeikommenden hineinschwören müssen, nie wieder eine Zigarette anzuzünden. Auch ich leiste einen Meineid, muss schriftlich geloben, für immer Vegetarier und Nichtraucher zu sein. Und allen lebenden Kreaturen mit Respekt zu begegnen.

Der Zweiundsiebzigjährige ähnelt tatsächlich Gandhi, schmächtig, zahnlos, kaum Haare. Und unwiderruflich heiter. Wie macht er das? Der Alte: «Hast du schon mal jemanden gesehen, der sich besser fühlte, nachdem ihn der Ärger überwältigt hatte? Ich nicht.»

Das schön Absurde: Die ganze Familie – das Haus ist

voller Computer und Telefone – ist «Member of the National Stock Exchange». Wie schon der Großvater. Auf drei Stockwerken werden Aktien gekauft und abgestoßen. Einzige Einschränkung, noch absurder: kein Deal mit Unternehmen, die Leder handeln.

Wir gehen zu Amit Sagar. «Mein Guru, mein Heiliger», sagt Mahabir. Etwas Sagenhaftes passiert. Wir betreten einen großen Raum, und der Heilige – im straffsten Mannesalter – sitzt selig entspannt, sehr konzentriert und splitterfasernackt auf einer Holzpritsche. Und um ihn herum hocken indische Bürger, Frauen und Männer, völlig normal gekleidet. «Darshan» heißt das, die einen fragen, der Nackte antwortet. Fragen zum ganz konkreten Leben. Beim Abschied berühren alle die Füße des Gurus.

Aber heute ist eine Ausnahme, Mahabir hat einen Gast mitgebracht, jetzt muss unbedingt ein Foto gemacht werden. So wird ein Mann mit einer Kamera aus der Nachbarschaft geholt, und Amit Sagar und drei ebenfalls splitternackte Schüler des Meisters stellen sich auf (ohne den leisesten Versuch, etwas zu verbergen), wir stellen uns dazu, puff, das Blitzlicht geht los, jeder scheint voller Seligkeit.

Ende der Audienz, die einen gehen nach Hause, der Guru bleibt, meditiert, singt, schläft, hat die einzige Mahlzeit des Tages schon viele Stunden hinter sich. Morgen wird er die ziemlich gleichen Fragen hören und die ziemlich gleiche Antwort geben: Loslassen, die Ursünde Gier überwinden, das Ego schleifen.

Was noch auffiel: die behutsamen Gesten der alten Männer untereinander. Geradezu zärtlich fassen sie sich an und lachen dabei oft. Ihr Respekt füreinander. Und der Respekt der Jungen gegenüber den Älteren.

Auf dem Weg zurück in mein Hotel steht eine Kuh im Weg. Zuerst spricht der Rickshaw-Fahrer mit ihr, dann schieben wir beide an. Viele Kühe stehen in Old Delhi im Weg. Mahatma Gandhi nannte das berühmteste Tier Indiens ein «Gedicht der Barmherzigkeit». Weil sie Frieden ausstrahlt und Milch schenkt und ihre (getrockneten) Fladen als Brennmaterial dienen. Wie würde «Bapuji» – Väterchen, nannten sie ihn liebevoll – wohl reagiert haben, wenn ihn jemand im BSE-Frühjahr 2001 an die Hand genommen und in ein europäisches Schlachthaus geführt hätte?

Der Rickshaw-Fahrer fiel mir auf, weil er einen eleganten Schal trug, ein sehr stimmiges Lila. Einer, der nichts hat, legt Wert auf einen Hauch von Eleganz. Das fordert immer Bewunderung. Beim Zahlen frage ich den jungen Kuber, ob er nicht bald eine Familie gründen wolle. Und Kuber: «I have first to sacrify my life.» Das ist ein überlegter Satz, den er so übersetzt: Zuerst müsse er genug verdienen, um alle materiellen Wünsche zu erfüllen. Ein Kühlschrank, ein paar Möbel, eine Wohnung. Erst dann wäre Platz für eine Frau in seinem Leben. Mit leeren Händen wolle er nicht antreten.

So stimmt das Wort «sacrify». Bis ein Rickshaw-Fahrer genug Cash verdient hat, um seinen Hausrat zu finanzieren, bis dahin heißt es opfern, opfern, opfern. Ob dann noch Kraft für die Liebe bleibt?

Zurück zum Hotel, vorbei an indischen Frauen. Natürlich bin ich voreingenommen. Wann immer mein Blick auf sie fällt, denke ich, sie sind die schönsten von allen. Keine Hitze, kein Lärm, keine Zumutung raubt ihnen ihre Grazie. Eine Million Mal habe ich sie betrachtet und weiß noch immer nicht ihr Geheimnis. Wie geht das? Wie kann man so unberührt, so unangreifbar daherkommen?

Ich vermute, sie leben ganz in ihrer Welt, lassen die andere Welt nicht an sich heran.

An eine Hausmauer hat jemand gesprüht: «India is always bigger than you.» Als wüsste das nicht jeder, der eine Stunde in diesem Land hinter sich hat.

Abendessen mit Uli Reinhardt. Er war von Anfang an einverstanden, dass wir den Tag, die Tage getrennt verbringen. Die gesamte Reise hindurch. Damit wir mit vier Augen unterwegs sind. Damit er, der Fotograf, seine Bilder findet, und ich, der Schreiber, den Verführer spielen kann. Ich verführe aber niemanden, wenn neben mir ein Mensch spaziert, um dessen Hals zwei, drei bedrohlich schwarze Penisse baumeln. Ich will auch nicht wie Dick und Doof durch die Welt brausen, zwischendurch kurz anhalten, dem anvisierten Objekt auf die Schulter klopfen, ihm eineinhalb Fragen stellen, ihn ablichten, ihn stehen lassen.

Ich muss anschaffen gehen, Geschichten anschaffen. Auf die Schnelle, leider. Muss anstiften, den anderen, den Fremden dazu bringen, dass er redet, weiterredet. Dazu braucht es Intimität, Nähe. Und die Illusion von Zeit. Jeder Dritte stört dann.

Ein Fotograf soll den Text nicht bebildern, sondern bereichern, erweitern, verlängern. Er soll seine Vision der Reise zeigen, der Schreiber eine andere. Schlechte Schreiber brauchen Fotos, schlechte Fotografen brauchen Text. Dieser Satz taugt nicht immer, oft taugt er.

Im Hirn eines jeden Lesers surrt eine Kamera, wenn seine Augen über die Zeilen schweifen. Er liest und dreht dabei seinen eigenen Film. So lähmt nichts die Einbildung, die Freude am Abheben und Spinnen. «L'image tue l'imaginaire», so ist es: Das Bild tötet die Einbildungskraft.

So wenig Vertrauen in die Sprache. Als Reporter habe ich miterlebt, wie immer weniger Platz in den Magazinen für Buchstaben und immer mehr für Hochglanzbilder zur Verfügung stand. Zum Durchblättern, zum Rascheln, zum Vergessen. Als bestünde das Leben nur aus farbigen Doppelseiten. «Ein Bild sagt mehr als tausend Worte.» Viel dümmere Sätze gibt es nicht.

In dem Gedicht *Der Leser* redet Rainer Maria Rilke von einem, der noch die Kunst des Lesens beherrscht. Der sich versenkt, der irgendwann – Stunden später – den Kopf hebt und berauscht von Welt und Gedanken wieder an die Oberfläche der anderen, der so genannten Wirklichkeit zurückkehrt.

Bruce Chatwin brachte einmal seine auf Reisen aufgenommenen Bilder zu einem Verleger. Und der Mann erledigte den Schriftsteller mit der achtlosen Bemerkung: «Die sind so gut, da brauchen wir gar keinen Text.» Ein Satz wie ein Kinnhaken für jeden, der mit Worten sein Geld verdient. Anders muss es heißen, ganz anders: «Die Sprache ist so mitreißend, da stören Fotos nur.»

Ein weiteres Argument, warum Fotograf und Schreiber auseinander müssen: Stecken beide ununterbrochen unter einer Decke, schleicht sich die Unsitte ein, dass von allem geredet wird, nur nicht vom Thema: von früheren Reportagen, von daneben gegangenen Lieben, von Deutschland, von angenehmen und grässlichen Fotografen und Schreibern. Aber augenblicklich sind wir in Indien, und wir zwei haben keinen anderen Job, als mit allen Sinnen nach Storys zu fahnden.

Zudem bin ich seit langem «Afrikaner» geworden, gehöre jenen Stämmen an, die glauben, dass ein Foto die Seele des Fotografierten raubt. Sicher ein Standpunkt, der von jenen Zeitgenossen nicht zu verstehen ist, die noch ihre ungustiösesten Körperteile bloßlegen, wenn sie nur dabei gefilmt werden. Als Afrikaner treffe ich immer wieder Gleichgesinnte, auch mitten in Asien. Noch immer laufen eigensinnige Mitmenschen herum, die nicht belichtet, die nicht einmal fünfzehn Minuten lang berühmt werden wollen. Die gern diskret leben, die sich auch dann noch am Leben glauben, wenn keiner sie begafft.

Ich tauge folglich als Reporter nicht sonderlich zur Beschaffung von «Bildmaterial», unprofessioneller noch: Ich «verheimliche» dem Fotografen so manches, überzeugt, dass beispielsweise über Kuber schreiben dem Leser mehr erzählt als das Foto eines Inders in seiner Rickshaw. Sehen sie doch in etwa so aus wie fünfhunderttausend andere Fahrer in ihren fünfhunderttausend Rickshaws. Und die Fotografen, die laut Cartier-Bresson «le moment décisif» riechen, die in jenem Augenblick ein Bild zaubern, das uns sehender macht als der Bilderberg der Belichtungsbeamten, diese Zauberer mit dem Finger Gottes sind rar.

Ein Beispiel: Angenommen, der Auftrag heißt «Wall Street». Dann stürmen 99 Knipser los und fotografieren den rotfleckigen, wüst gestikulierenden Broker, der blöd vor Raffsucht in fünf Telefone gleichzeitig plärrt. Der Betrachter dieses Fotos gähnt bereits, weil er solche Typen schon 99-mal so oder so ähnlich gesehen hat. Der 100. Fotograf, jetzt der Künstler Cartier-Bresson, verlässt die Börse und nimmt einen Mann auf, der verlassen und abgerissen am Ende der Wall Street am Boden sitzt. Jetzt schaue ich hin, jetzt zeigt mir jemand einen anderen Zusammenhang. Ich lerne.

Ich erinnere mich einer Reporterreise durch Malaysia. Ich stand oben auf einer Stupa und sah zufällig unten den

Fotografen vorbeigehen. Zufällig, da wir beide es vorzogen, tagsüber jeder für sich loszuziehen. Ich mochte den Kerl, feiner Mensch und sicher einer von den besten zehn. Etwas Seltsames ging vor: Hans M. hob die Kamera vor das Gesicht eines Einwohners und – ja was? – senkte sie wieder. Ohne abzudrücken. Ich ging der Sache nicht nach, dachte an ein technisches Problem. Am nächsten Morgen bemerkte ich beim Verstauen des Gepäcks, dass die Fototasche leer war. Ich rannte vor zum Busfahrer, wollte ihn bitten, zum Hotel zurückzukehren. Hans M. hielt mich zurück. Er habe nichts vergessen, er habe nur aufgehört, ein Fotograf zu sein: «Ich will nicht mehr. Vorbeikommen und jemand sein Gesicht wegfotografieren, seit gestern finde ich das lächerlich.» Mutiger Gedanke, wahre Geschichte.

So weit zum Prinzipiellen. Jetzt kommen die ergreifend trivialen Gründe, die uns zwingen, oft gesondert unterwegs zu sein. Standort Delhi, Folgendes liegt augenblicklich an: Die Digitalkamera zeigt Schwächen, eine Vertragswerkstätte muss gefunden werden. Uli Reinhardt findet sie am andern Ende der Stadt und stellt fest, dass der Vertragsmechaniker keine Ahnung hat. Im Internet-Café brechen regelmäßig die Telefonleitungen zusammen. Ein anderes muss gefunden werden. Das andere ist anders und nicht funktionstüchtiger. Der Fotograf muss sich aus Deutschland ein neues Programm für seinen Computer überspielen lassen, da Gegebenheiten auftreten, die nicht vorauszusehen waren. Damit das Überspielen endlich klappt, kontaktiert er einen Bekannten vor Ort, der hilfsbereit und zeitintensiv seine Gerätschaften zur Verfügung stellt. Das Handy bockt. Uli Reinhardt hat es mitgebracht, um im Notfall damit Bilder und Text kostenintensiv zu übermitteln.

Ich bin der Ticket-Mann. (Nebenberuflich noch Betten-Mann und Visa-Mann.) Ein Halbtagsjob, mehrere Vormittage zäh und mit mehreren lautstarken Auftritten, um nicht unterzugehen in einer Horde anderer Ticket-Männer, die ausgerechnet am selben Tag zur selben Stunde die Hauptstadt verlassen wollen. Da indische Zeitgenossen vor einem Schalter grundsätzlich und blitzartig als Rhinozerosse wiedergeboren werden, muss man selbst zum Raubtier werden, um nicht als Schnecke platt getrampelt zu werden. Am Ende einer dieser Schlachten stehe ich vor Mister Singh. Und der Mann mit dem orangefarbenen Turban verspricht einzugreifen. Ich ächze, Schweißtränen in den Augen:

– Wird es morgen wieder so heiß?
– Nein, morgen wird es kühler.
– Woher wissen Sie das?
– Ich werde zu Gott beten.

Mit dem Zug nach Varanasi. Herr und Frau Sandip teilen mit uns das Abteil. Beide auf dem Weg nach Kalkutta, beide sehr bengali, zurückhaltend, rastlose Leser. «Are you a happy man?», frage ich ihn. Und Sandip schüttelt den Kopf zur Bejahung: «Why should I be unhappy?» Ich insistiere: «Why happy?» Und der pensionierte Lehrer sagt den Satz aller Weisen: «I am content.» Er ist zufrieden mit dem, was er hat. Keine Gier franst mehr an ihm, kein Ego muss mehr massiert werden. Alle Kräfte, um im Augenblick zu leben, stehen ihm zur Verfügung.

Singh hat nicht gebetet oder Gott hat wieder nicht hingehört. Deshalb erfand der Mensch die Klimaanlage. Das Abteil ist kühl, und wir sind von A nach B unterwegs, enthoben den Verpflichtungen von A wie den kommenden Herausforderungen von B. Zwölf Stunden lang dürfen wir jetzt Indien anschauen, müssen vor keinem Vehikel mehr zur Seite hechten, um kein Billett mehr raufen, nicht mehr hitzeblöd der Sonne ausweichen. Der Schaffner bringt lässig grinsend den Tee, die Tomatensuppe, ein paar Fladen Chapati. Eine ambulante Wahrsagerin zieht vorbei und sagt die Wahrheit. Sie prophezeit eine sichere Ankunft.

Ein Blick in die Küche erlaubt die Vermutung, dass die Kessel, in denen die Kartoffeln schmoren, noch aus der Feldkombüse von Dschingis Khan stammen. Rußschwarze Bottiche über wild fauchenden Feuern. Einen Schritt daneben lehnen drei Gasflaschen. Ich zähle nach und komme auf sieben Waggons, die sich zwischen einer möglichen Explosion und meinem Sitzplatz befinden. Das dürfte reichen zum Überleben.

An jedem Bahnhof drängen die Gepäckträger herein. Und mit schweren Koffern auf dem Kopf zwängen sie sich wieder hinaus. Ausgesprochen verwirrend der Anblick ihrer Waden. Sie schleppen wie Zugtiere und bekommen nie Muskeln. Noch nach dreißigtausend Koffern wollen die dünnen Beine nicht zulegen. Unergründliche Inder.

Als die Dämmerung kommt, jene «Stunde zwischen Wolf und Hund», in der man die beiden nicht mehr unterscheiden kann, setze ich mich an die offene Zugtür. Prasad sitzt bereits. Der arme Teufel braucht weniger Platz als ich, denn ihm fehlen beide Beine, verloren gegangen bei einem Unfall. Als ich die mitgebrachten Erdnüsse mit ihm teile, teilt er sie wiederum mit einem Bettler hinter sich. Ganz offensichtlich nicht sein Freund, denn Kishor öffnet seinen zahnlosen Mund und lehnt dankend ab. Eine kurze Szene nur und alles da: das Unglück, die Misere, die Wärme, die Großzügigkeit.

Wir reden kaum, genießen den trockenheißen Loo, den Wüstenwind aus Rajastan. Fahren an Indien vorbei und sehen die frühen Schläfer auf den Dächern, die Kraniche auf den Rücken der Büffel, die Weizenbündel auf den sauber gezirkelten Feldern. Hören, wie das Land still wird und ausatmet. Begleitet vom gleichmäßigen Rattern des Zugs. John Ford meinte einmal, dass ihn in Augenblicken eindringlichster Freude das Gefühl überkommt, keine Zähne mehr im Mund zu haben. Hier wären sie ihm wieder herausgefallen. Wir sitzen und staunen. Wen jetzt kein inniges Glück beschleicht, der ist nicht von dieser Welt.

/// Vier

Am Bahnhof fallen wir in die Hände von Delip, dem Taxifahrer. Er bietet an, uns ins zwanzig Kilometer entfernte Varanasi zu schaffen. Nicht ohne seine Kundschaft vorher nochmals aussteigen zu lassen, um den Ambassador anzuschieben. Hinterher ist es schon Abend, nachtdunkel, und unser Mann legt los. Das wäre kein Problem, befänden wir uns allein auf weiter Flur. Aber wir sind augenblicklich in Indien, die Straßen sind durchgehend besetzt und Verkehrsregeln längst abgeschafft. So begegnen wir beleuchtungsfreien Sattelschleppern, vorüberzischenden Querfahrern, Aufholjägern, die sich mit Vollgas hinter unserer Stoßstange einrichten, Nie-Abblendern, Endlos-Hupern, und zwischendrin Delip, der bisweilen die verstopfte Spur verlässt und sein Glück auf der Gegenfahrbahn des Highway versucht.

Inder nennen diese irritierenden Verhältnisse «full democracy». Das indische Wunder: Es funktioniert, meistens. Würde Delip in Europa auf angstbrüllende, panikartig nach links und rechts flüchtende Mitbürger treffen, so kennt hier jeder die Spielregeln: in vorletzter Sekunde ausweichen. Eine Minderheit liebt die kleinen Aufregungen, sie kurvt erst im letzten Moment zur Seite. Ich starre auf Delips entspanntes Gesicht, nichts scheint ihm fremder als die Zuckungen des weißen Mannes. Auch mein Hinweis, dass wir bereit wären, die Mühsal einer Wiedergeburt auf uns zu nehmen, ließe er nur ab vom nächsten dreisten Manöver, kommt nicht an. Delip sagt, was alle sagen, die sich von der Nähe Varanasis beschützt fühlen: «Wer hier stirbt, fährt senkrecht in den Himmel.» So «heilig» wäre die Stadt, so «göttergeschwängert», so «sündenwegwaschend» der sie behütende Fluss, der Ganges.

Am nächsten Tag tipple ich durch die Altstadt. Alle motorisierten Verkehrsmittel stehen vorübergehend still, keines kommt an andern vorbei. Und bräche das Land in zwei Teile, auf seine spirituellen Räusche will es nicht verzichten. In diesem Augenblick ziehen Elefanten, Kamele und Pferde über die Hauptstraße. Weil ein Guru seinen Geburtstag feiert. Seine Schüler jubilieren in die abgasblaue Luft und schleppen schweißströmend einen Generator für die Tonanlage. Auf dass kein Hauch des Meisters verloren gehe, kein Schrei, kein Stöhnen ihrer Liebe zu ihm.

Kunar spricht mich an und fragt, ob ich Deutscher sei. Aus New Delhi kommt er, wo er am Goethe-Institut studiert. Er sagt: «Varanasi ist mir eine Herzensangelegenheit.»

Trefflicher Satz. Wie jener, den ich von einem anderen Fremden gehört habe. Der hielt diese Stadt für eine «stinky Indian latrine». Stimmt nicht weniger. Bei den «ghats», den berühmten Steintreppen am Westufer des Ganges, steht ein schwarzes Brett, auf dem ein Labor darüber informiert, dass der hier vorbeifließende Strom eine lebensbedrohliche Brühe ist. Voll gemacht mit jedem Abfall, den Mensch und Tier zu produzieren imstande sind.

Wie wahr. Und wie belanglos. Wer zum Fünf-Uhr-Sonnenaufgang vorbeikommt, zum «morning glory», der wird jene Scharen glückssprühender Gottessüchtiger sehen, für die der Fluss «Mother Ganges», die blind liebende Mutter, verkörpert, die verzeiht, die gutmacht, die zuhört, die Liebe verströmt. Der wird sehen, wie die Jungen in die Fluten hechten und die Männer und Frauen ihr heiliges Bad zelebrieren. Wird sehen, wie der alte Juji hineinwatet und auf sie einredet, laut und tadelnd, hingebend und verlangend. Man versteht kein Wort und dennoch scheint alles so einsichtig. Juji muss ein paar Nöte loswerden, muss täglich die Dinge des Lebens mit Mutter Ganges besprechen.

Wie jemandem die Sorge um die Welt einreden, wenn sein einziges Ziel ist, sie loszuwerden? Weil doch etwas wartet, was so viel verführerischer klingt: das Nirwana, diese Ewigkeit ohne Wünsche und Schrecken.

Kunar kümmert sich um mich. Als Deutscher stehe ich unter seinem persönlichen Schutz: «Du musst Achtung geben, many cheating men in dieser Stadt.» Listige Abschlepper gebe es, die mit dem Satz «please come with me, I have a sister who studies in your country» das Opfer in ein schmuckes Haus manövrieren, mit einem Tee (voll schwerer Schlafmittel) die Wartezeit auf die Hübsche verkürzen und den Schnarcher um alle seine Schätze erleichtern.

Wie fürsorglich der Hinweis. Aber ich weiß jetzt schon, dass mir bei diesen Außentemperaturen nicht immer die Konzentration zur Verfügung stehen wird, um den einen vom andern zu unterscheiden. Auf so manchen Filou werde ich hereinfallen und so manchen Heiligen übersehen.

Dafür bin ich an vielen Stellen unverwundbar, nicht viele können mich betrügen. Ich kaufe nichts, nur Essen und Trinken, nachtweise miete ich ein Bett, investiere in Schmiergelder für einen Schaffner, um einen letzten Sitzplatz zu bekommen, verwende woanders die Scheine zur Erpressung, erpresse Informationen, kaufe zwei Bustickets und lasse nur einen Zeitgenossen sich neben mich hinsetzen, der verspricht, eine Geschichte zu erzählen. Immer will ich Vergängliches einkaufen, nie Souvenirs, nie ein Ding, das man nach Hause befördern muss, das mein Leben verbarrikadiert. Will nichts besitzen, das behütet, ja bewacht werden muss. Nie ein Haus, nie einen Quadratkilometer Land, nie eine «Immobilie», etwas Unbewegliches. Meine Souvenirs, das sind Erinnerungen, mehr oder weniger konfus auf mein Herz, meine Großhirnrinde und die Festplatte meines Mac verteilt.

Ich wäre gern derjenige, den der palästinensische Publizist Edward W. Said vor Augen gehabt haben muss, als er schrieb: «Ein Intellektueller ist wie ein Schiffbrüchiger, der gewissermaßen *mit* dem Land zu leben lernt, nicht *auf* ihm. Nicht wie Robinson Crusoe, dem es darum ging, sein kleines Eiland zu kolonisieren, sondern eher wie Marco Polo, den niemals der Sinn für das Wunderbare verließ und der immer ein Reisender war, ein zeitweiser Gast, kein Beutemacher, kein Eroberer, kein Aggressor.»

Kunar nennt Männer wie mich barsch «no-issue men», Männer, die gegenüber der Gesellschaft nichts vorzeigen können, kein Haus hochgezogen, keine Großfamilie in die Welt gesetzt, es zu keinem einzigen Nachkommen gebracht haben. Als ich einwende, dass die Menschheit augenblicklich dringlichere Probleme habe, als auszusterben, meint der Dreiundzwanzigjährige streng: «Leben heißt zeugen.» Mit der Liebe zur deutschen Sprache kam die Vorliebe für schwerste Gedanken. Ich zahle ihn aus, danke für alle Warnlichter, die er gezückt hat, und mache mich auf die Suche nach einem, der müheloser mit dem Leben umgeht.

Ich wandere wieder zu den Ghats. Dort warten Hunderte, die nach nichts anderem Ausschau halten als nach der Leichtigkeit des Seins. Sogar die Büffel, die bis zu den Nasenlöchern im Wasser stehen und unbeweglich genießen, scheinen dazuzugehören. Ich setze mich zu den Sadhus, jenen Männern, die alles zurückgelassen haben. Auch die Familie. Nur noch umherschweifen, Lord Shiva vergöttern, jede verdammte Sehnsucht loswerden wollen. Dabei nichts überstürzen und manche Sehnsucht beibehalten. So besorge ich ein Päckchen Marihuana und darf an einem Ritus teilnehmen, der schon durch bloßes Zuschauen das Glück vermehrt: den Pot mit Tabak mischen, in die Tonpfeife stopfen, das glühende Ende einer Kokosnuss-Schnur reindrücken, anzünden, einen kurzen Schrei der Freude über Shiva ausstoßen, mit langen, eleganten Fingern den Chilam an die Lippen pressen, die Augen schließen und tief das selige Gift in den Körper holen. Dann weiterreichen, dann auschillen, dann den Frieden spüren, der sich in einem ausbreitet.

Nach zehn Runden Glück ziehen wir aus dem kleinen Hanuman-Tempel zu einem winzigen Tea Stall, wo eine resolute Alte Chai verkauft. Ich zahle den Tee und sie zahlen mit Magie. Irgendwann zieht Nirwana Baba seine kleine Trommel heraus, trommelt und summt. Und irgendwann holt Bhalkeswar Giri seine mit Bronzegriffen verzierte Muschel heraus und bläst die Muschel. Und zuletzt kramt Visawanantha sein Blech hervor und schlägt das Blech. Und natürlich singen sie von der Schönheit Shivas, seiner berstenden Kraft, seiner unversieglichen Sorge um alle, die sich in der Nähe des Ganges herumtreiben.

Hinter uns fließt der Fluss. Ihre Musik zieht mit, beide Rhythmen stimmen zueinander. Wäre ich Premierminister, ich würde den heiligen Männern (den unheiligen auch) eine Pension zukommen lassen. Für ihre phänomenalen Gesichter. Jeder Blick in sie weckt ein Hochgefühl. Sie sind schön wie ein schönes Bild. Dunkel, tief, auf makellose Weise symmetrisch. So entzaubern die vielen, die meisten, die Welt, und ein paar bringen den Zauber zurück.

Abends am Manikarnika Ghat lehnen und sterben lernen. Zuschauen, wie sie ihre Toten verbrennen. Zuhören, wie vom andern Ufer der Rhythmus einer Tabla herüberklingt.

Um ein gütigeres Schicksal kann ein Hindu nicht bitten: auf einem Scheiterhaufen neben dem Ganges liegen und rot und gelb in den Himmel züngeln, sprich, alle Wiedergeburten überspringen und express dort landen, wo kein Ego mehr lauert, kein Schmerz, kein Verlangen.

Ich bin mit Narayan gekommen, einem witzigen Alten, der als Bootsmann arbeitet. Wir haben Zeit, über dreihundert Kilo Holz braucht jede Leiche, um Asche und ein Pfund Knöchelchen zu werden. Irgendwann deutet Narayan auf mich und sagt kichernd: «One day, you know, you finished.» Ich antworte ebenfalls kichernd: «But you also finished, one day.» Wir spüren richtige Freude, versichern einander mehrmals, dass es eines Tages vorbei sein wird mit uns. Seltsam, jetzt und hier hat der Gedanke nichts Bedrohliches, er beruhigt eher, ja erheitert.

Glaube keiner, er käme umsonst an die Schätze dieser Stadt. Einer streckt die Hand aus, um die Richtung anzudeuten, sagt: «This way.» Ich ertappe mich dabei, dass ich etwas vermisse. Eigentlich müsste es heißen: «This way, baksheesh!» Bettelbrüder und andere arme Teufel haben ein Faible für die Stadt. Hier kneten sie schonungslos die Schuldgefühle der Geldbesitzer. Bis ich zu den Ghats gelange, habe ich ein Dutzend Verabredungen vereinbart. Meine Finte, um die Geldübergabe auf später zu verschieben.

Kajal, der Krüppel mit dem melonengroßen Buckel, durchschaut den Trick. Er führt mich an der Hand zur nächsten Bank und wacht vor der Tür, bis ich mit den Scheinen wiederkomme und seinen Anteil herausrücke.

Reisen ist anstrengender geworden. Immer mehr Habenichtse wissen, dass die Reichen weiß aussehen. Somit sind vom ersten Schritt an die Rollen verteilt. Sie scheinen für eine Ewigkeit festgelegt.

Wenn es nur so wäre. Aber die Bankrotten haben noch einen Gegner neben der Armut: andere Bankrotte. Ich sehe einen Polizisten sich bücken und das Reifenventil einer parkenden Rickshaw öffnen. Eine Geste, die der Varanasi-Kenner sogleich versteht: Jeder Taxifahrer muss den Dienst habenden «Inspektor» mit ein paar Rupien versorgen, um direkt an die Ghats ranfahren zu können. Die Anfahrtswege sind offiziell für alle Vehikel gesperrt. Luft rauslassen gilt folglich als sanfte Warnung: Zahltag, Junge!

Vielleicht funktioniert die Sehnsucht nach Indien so: Jeder Seitenblick auf dieses Land und seine tausend Millionen Einwohner verweist auf ein Geheimnis. Der Fremde wird nie eine Antwort auf das Geheimnis finden. Natürlich nicht. Aber er weiß, dass es da ist, und er wird wiederkommen. Muss wiederkommen.

Irgendeiner aus dieser undenkbaren Milliarde erzählte mir einmal, dass Indien der Ort ist, in dem Gott nie vergisst, dass Er eine Sie ist. Was für ein grandioser Gedanke. Der Subkontinent ist eine Frau, wie ermutigend, wie tröstlich.

Auf dem Weg zurück ins Hotel steigt am letzten Abend ein Polizist zu und setzt sich neben den Fahrer. Die beiden sind befreundet. Und die Freundschaft ist überraschend produktiv. An einer verstopften Kreuzung steigt der Ordnungshüter aus und sorgt umgehend mit Pfeife und eindringlichen Gesten für Ordnung. Bis er den Freund lässig durchwinken kann. Weiß einer ein Land, das so souverän am Abgrund entlangtaumelt? Und nie hineinfällt?

Weiterfahrt nach Kalkutta. Im Zugabteil sitzt Patrick, ein Kanadier, allein erziehender Vater, Diabetiker. Er reist mit Spritzbesteck und Zwei-Wochen-Vorrat durch die Welt. In seinem Pass steht in mehreren Sprachen, dass er zuckerkrank ist. Damit sie ihn an der Grenze nicht für einen Fixer halten. Schon zweimal rutschte er ins Koma, da er nicht rechtzeitig an seine Insulinration kam. Wann immer er ein Hotel betritt, fragt er zuerst nach einem Kühlschrank.

Wärme geht von diesem Mann aus, den die eigene Verwundbarkeit nicht bitter, eher duldsamer gemacht hat. Kein Zynismus rettet ihn, dafür das Wissen, dass Wunden zeigen den anderen beschwichtigt, ihn einlädt, die Rüstung abzulegen. Sogar ungeniert schweigen kann man in seiner Nähe. Nach dem Reden. Eine bedingungslose Liebe zum Reisen und Lernen treibt den Kanadier an. Man kann sich nicht anders schützen als ihn bewundern.

Am späten Nachmittag Ankunft in Kalkutta. Wir sitzen bereits im Taxi und müssen wieder raus. Diesmal nicht, um anzuschieben. Diesmal streiten der Fahrer und die zwei Burschen, die uns angeschleppt haben. Die «Commission» von ihm an sie reicht nicht, eine höhere wäre fällig, da wir – weiß und reich – ja auch einen höheren Fahrpreis zahlen würden. In Indien lernt der Fremde unter anderem, wie viele einen umklammern. Den einen, der Geld verdient. Und wie viele er auszahlen muss, bevor er loslegen darf.

Einen Abend und einen Tag Aufenthalt in der bengalischen Hauptstadt. Sie steht noch immer. Obwohl lokale Schwarzseher rastlos darauf hinweisen: Wenn Indien untergeht, geht Kalkutta zuerst.

Hier eine Szene, die Richtung Niedergang weist. Ich komme nachts am feinen Oberoi Hotel vorbei, als ich aus einer Ecke des Eingangs ein Tier auf mich zukriechen sehe. Schwarz, wellenförmig sich fortbewegend wie ein Rochen, der an Land geschwemmt wurde. Als das Tier mich am rechten Fuß umklammert und mit seinem Gesicht stumm anschaut, erkenne ich, dass der Rochen ein Mensch ist. Dunkel wie die Nacht, wortlos wie ein Fisch, verloren wie ein Körper, dem Beine und ein Arm fehlen. Sofort denke ich, dass ich kein Geld geben darf, dass keiner das Recht hat, sich mit einem schmutzigen Bündel Banknoten von diesem Unglück loszukaufen. Verstört trete ich die Flucht an. Als ich mein Hotelzimmer erreiche, sehe ich eine Ratte durch das Badezimmer wetzen. Seltsam, ihre Gegenwart beruhigt mich. Sie ist gesund, bewegt sich übermütig.

Am nächsten Morgen wandere ich über die siebenundzwanzigtausend Stahltonnen riesige Howrah-Brücke, die seit zwei Generationen nicht aufhört zu ächzen. Noch wurde keine Brücke erfunden, die es mit der indischen Bevölkerungsexplosion aufnähme.

Vier Jahre nach ihrer Fertigstellung wurde Indien 1947 unabhängig. Alle Erinnerungen an die Briten – die Bauherren – sollten verschwinden, unter anderem auch der Name *Howrah*. So beschlossen die Kalkutter, die

Brücke auf «Rabindra» umzutaufen, Ausdruck der Liebe für ihren begnadetsten Mitbürger, den Dichter Rabindranath Tagore. Das funktionierte nicht, einmal gegebene Inschriften in diesem Land halten mindestens hundert Wiedergeburten. Der neue Name konnte sich nicht durchsetzen.

Nicht anders ergeht es der Stadt: Seit dem 24. August 1999 heißt sie offiziell «Kolkata», auch das ein Versuch, sich von den Spuren des Kolonialismus zu befreien. Lobenswert. Ich frage zehn Inder und einer – der achte – weiß, was gemeint ist.

Ich gehe zum Geburtshaus des Dichters, heute Museum und *University of Fine Arts*. Eine Studentin wird gerade weggetragen, ohnmächtig vor Hitze und Smog. Ein Teil des Hauses zeigt die Räume noch so, wie Tagore in ihnen gelebt hat. Wie immer bei solchen Anlässen bin ich kindisch und bilde mir ein, dass der Meister einen Funken Genie für jeden abfallen lässt, der konzentriert und geschlossenen Auges seinen Schreibtisch berührt. Tagore, der nebenbei noch aussah wie ein den Veden entstiegener Gott, schenkte der Menschheit das beneidenswerte Wort «world citizen», er schrieb es als Erster hin.

Ein Weltbürger, das wäre einer wie Tagore, der ein Leben lang durch die Welt reiste und die Gedanken anderer sammelte, nach Hause brachte und dort bekannt machte. Und eigene Gedanken exportierte. Also kein «global player», der «worldwide» Rasenmäher verscheuert und international tüchtig zum Bäumeausreißen antritt, um Platz für weitere Rasenmäherfabriken zu schaffen, nein, ein Weltbürger, der wie selbstverständlich die Welt hütet. Auf Fotos sieht man den Nobelpreisträger sich an einen Baum lehnen, einen Baum anfassen, unter einem Baum reden. Oder schreiben oder schauen. Ein Foto mit Tagore beim Hantieren einer Kreissäge sieht man nicht.

In der Nähe eines Baumes, in dessen Schatten, in dessen lautloser Kühle, muss ihm der folgende Satz eingefallen sein: «Ich frage mich, ob wir jemals von einem Himmel die Schätze bekommen, die uns die Erde schenkt.»

Die listigen Bengalen, sie denken gern, formulieren gern, gehen ironisch mit der Wirklichkeit um. Auf der Seitenwand einer Straßenbahn, die stöhnt, als wäre sie auf ihrer endgültigen Fahrt zum Schrotthändler, steht: «Mister Singh prefers this tram to his Porsche.» Sinniger Aufruf der Stadtväter, um den Tod durch Vergasung um ein oder zwei Tage zu verzögern.

Kalkutta strengt an. Ich finde den «Royal Hair Saloon», zwei mal zwei Meter Bruchbude. Aber Friseurläden sind – gerade in einer so fordernden Umgebung – wunderbare Stätten der Erholung: schweißgebadet den Hals auf eine drei Generationen alte Nackenstütze legen, den Wind des Ventilators fühlen, «Get me a shave, please» murmeln, das feuchte Handtuch auf dem Gesicht spüren, die zarten Friseurhände darüber, eine erste Massage genießen, schließlich die Augen öffnen und Dasgupta zuschauen, wie er – was für seelenschonende Geräusche – Schaum schlägt und das Messer am Lederriemen schleift. In einem solchen Moment weiß der Kunde, dass ein anderer die allernächste Zukunft übernimmt, dass sie sicher ist und nur Gutes bereithält.

Hinterher reden und rauchen wir, zu dritt, Dasgupta und Subhoranjan arbeiten zusammen, der eine fünfundsiebzig, der andere sechsundsiebzig Jahre alt. Manchmal kommt ein Kunde, niemand muss warten und nie eine Spur Hektik. Umsichtig gehen sie mit den Ressourcen um, zuletzt wird ein minimaler Betrag kassiert und die getane Arbeit plus Einkommen säuberlich in einem Schulheft notiert. Die Übersicht behalten, auch das mögen die Bengalen.

Ich spüre, wie in Asien mein Respekt vor alten Männern und Frauen zunimmt. Irgendwann stelle ich Dasgupta meine Lieblingsfrage: «You lead a happy life?» Und der Alte sagt den revolutionären Satz: «Old life, happy life.» Dann deutet er grinsend mit der Rechten nach oben: «In two, three years, I go.» Wieder einer, der nicht nein sagt. Nicht zum Dasein, nicht zum Verschwinden.

Flug nach Bangkok. In meiner Nähe sitzt ein junges Paar aus Israel, beide taubstumm. Wie verspielte Tiere gehen sie miteinander um, blitzen sich in die Augen, flitzen mit ihren Fingern durch die Luft, nehmen jede Gelegenheit wahr, sich zu berühren. Wie ihre Not sie zu bravourösen Kommunikatoren macht. Man schaut lange und heimlich zu.

Bei der Ankunft sehe ich indische Passagiere in Richtung Passkontrolle sprinten. Das sieht komisch aus. Wohl das erste Mal seit langem, dass ich einen Inder hetzen sehe.

Während des Flugs war genug Zeit für zwei, drei Schwüre: Kein Rührstück über die hiesigen dreihunderttausend Prostituierten werde ich abliefern. Und keinen Entrüstungsschrei aufsetzen über die Daddys aus dem Westen, die sie frequentieren. Und nicht zum hundertsten Mal über Klong Toy greinen, den Abgrund Bangkoks, wo sich die Thai-Junkies mit ihren Kunden aus Europa in den Herointod spritzen. Diese Predigten gegen Drogen und Sex, wie sie ermüden.

Wir wollen in die andere Richtung, ins Kloster. «India

sucks», Indien zehrt, hatte Patrick gemeint. Soll sagen, Fotograf und Schreiber haben das Recht auf einen Tag Stille.

Zum Tempel Bowonniwet, jemand führt uns zu Phra Vorn Varatthito. Der Achtundsiebzigjährige verstrahlt die reine Liebe und lädt uns mit dem zweiten Satz zum Essen ein. Der rechte Zeitpunkt: Letzte Vorbereitungen für die Ordination neuer Mönche werden gerade getroffen. Zwei junge Kerle – Gud und Sutta – bekommen eine Glatze verpasst. Ich frage die beiden Studenten der Betriebswirtschaft nach dem Grund, in einem Kloster zu verschwinden. Und Sutta, ernst und ohne Ironie: «Um mich bei meinen Eltern zu bedanken, dass sie mich geboren haben.»

Noch immer beruhigt es die Väter und Mütter dieses Landes, wenn die Söhne – früher für drei Monate, heute für mindestens zwei Wochen – von den Botschaften Buddhas hören, eben von Demut, Großmut, Einfachheit und der Erinnerung, dass alles verwittert. Deshalb treiben tote Schildkröten im Teich, deshalb wird kein Bettler vertrieben, deshalb streunen zahllose Hunde und Katzen. Sie alle nur Ausdruck von Leiden und Vergänglichkeit, nichts und keiner wert, sich daran zu binden. Liebe ja, aber Liebe ohne Bindung. Lauter Sätze, an die einer aus dem fernen Westen so schwer herankommt.

Nach der Ordination – Blumen, Kerzen, lange Rede des Abts – zieht Phra Varatthito seinen beiden Schülern die fünfteilige Robe über, verschlungen kompliziert und zeitintensiv. Nicht einen Augenblick lässt der alte Mönch nach in seiner Konzentration, sorgfältig wie ein Vater kleidet er sie ein.

In einem Nebentempel liegen die Geschenke. Für jeden der zweiunddreißig Novizen wartet ein Quadratmeter, voll gestellt mit Zahnpastatuben, Zahnbürsten, Seifen, Waschpulver, Tee, Medizin, zwei Paar Slippern, einer Robe, einer Matte, Obst. Irgendwie muss man die Halbwüchsigen verlocken, sich an einen stillen Ort zu trauen. Denn Zweiundzwanzigjährige haben auch hier andere Triebe als das brennende Verlangen nach Meditation und Demut.

Am frühen Abend bringt mich ein Mitarbeiter des Abts in einen kleinen Meditationsraum. Räucherstäbchen duften. Ich will sitzen und den *mind*, den Geist, den Kopf, anhalten. Damit er nicht davonrennt, damit er stillsteht und die schwierigste Kunst lernt, die Kunst, im Augenblick zu sein. Vielleicht schaffe ich ein paar Momente ununterbrochener Aufmerksamkeit.

Ich sitze fünf Minuten und muss plötzlich laut lachen. Der mind driftet, leider. Aber auch Lachen heilt. Ein Foto zieht durch meinen Kopf, das ich vor Tagen in einer indischen Zeitung entdeckte. Ein Foto aus Bangkok. Man sah eine strahlende Mercedes-Limousine, vor Ort gefertigt, die nun der Presse vorgestellt und unter Blitzlichtgewitter von thailändischen Tänzerinnen umhüpft wurde: die Anbetung der heiligen Blechkuh. Dicke Limousinen, wir ahnten es, sind die Antwort auf den infernalischen Verkehr dieser Stadt. Wie bemerkte der französische Schriftsteller Romain Gary: «Die größte spirituelle Kraft aller Zeiten ist die Dummheit.»

Dennoch, ich lasse los, entkrampfe, die Momentaufnahme vom Leben auf dem Narrenschiff vergeht. Buddhas Gerede von der Vergänglichkeit kommt mir zu Hilfe und die Aussicht, dass auch Kühe aus Blech wohl irgendwann aussterben.

Zurück über die Khaosan Road. Joseph Conrad notierte einst: «Jeder Ort auf dieser Erde, ob nun großartig oder miserabel, verdient einen Blick der Bewunderung oder des Mitleids.» Ich sehe Horden von Rucksack-Bimbos in den Bierhallen beim Videoglotzen, Van-Damme-Müll, Bruce-Willis-Schrott. Bimbos bewundern Bimbos. Dafür haben sie knapp zehntausend Kilometer zurückgelegt: um in einem Wirtshaus mit Videoanschluss zu landen. Sie verdienen nur den Blick des Mitleids, jenes von der billigen Sorte.

Damit keine Missverständnisse ausbrechen: Hier steht das Wort «Bimbo», wie es heute in der französischen Sprache verwendet wird: Die Bimba ist die Kuh und der Bimbo der Ochse, weltweit, völlig unabhängig von Hautfarbe und Geographie.

Treffe ich eines Tages denjenigen, der zuerst behauptet hat, dass Typen mit einem Rucksack weltwacher unterwegs sind als die Zeitgenossen, die als Neckermann-Paket der Welt ausweichen, dann will ich ihn hier anbinden und dahinsiechen lassen, bis ihn der Anblick eines letzten Magenschwingers in Großaufnahme zur Besinnung bringt.

Der Abend geht daneben. Es gibt Meditationsstunden, die einen rüsten gegen die Barbarismen der Zeit. Und andere entlassen einen verwundbarer als zuvor. Nicht dünnhäutig, eher ohne Haut steht man auf und muss hinaus in die Welt.

Fünf

Von einem Autohändler in Bangkok erfuhr ich, dass er einigen Kunden Limousinen mit eingebauter Kloschüssel liefert. Für den Fall, dass ein Stau länger dauert, als die Schließmuskeln durchhalten. Wir haben Glück, wir sitzen hinter Busfahrer Dini, auf magische Weise funktioniert augenblicklich die grüne Welle, mit Rasanz verlassen wir die Stadt. Damit der junge Kerl nicht einschläft – er fährt die Frühschicht –, läuft die Stereoanlage ebenfalls auf Vollgas.

Aus den Lautsprechern fetzt jemand «Speed up, speed up the game», und beim Blick hinaus sehe ich vier Mönche hintereinander über das Trottoir schleichen. Sie praktizieren gerade «Kinhin», eine buddhistische Methode der «Entschleunigung»: so langsam und bewusst gehen wie möglich. Wie anstrengend, im Gedröhn des rasenden Stillstands nicht aus dem Gleichgewicht zu fallen.

Mittags an der Grenze. Wieder diese Gegensätze. Dreißig Kambodschaner, Männer und Frauen, ziehen mit Seilen einen schwer überladenen Lkw-Anhänger von einem Land ins andere. Vorbei an wohlhabenden Damen aus Thailand, denn in Kambodscha, keine hundert Meter hinter der Passkontrolle, stehen nagelneue Casinos, die schnelles Geld und schnelle Bankrotte versprechen. Vor dem Happy Palace leuchtet der Hinweis auf einen «Beauty Salon» mit Gesichtsmassage, Fußpflege und Dampfbad.

In der Nähe dieses Grenzpostens strandeten vor dreiundzwanzig Jahren Abertausende von Flüchtlingen. Gejagt von Pol Pots Roten Khmer, von den Weißen Khmer, von den nachrückenden Vietnamesen. Weiter kamen sie nicht, da die Thais niemanden hereinließen.

Ein SOS-Kinderdorf ist aus der Gegend noch immer nicht geworden. Die thailändische Regierung lässt in fetten Lettern wissen: «Leaving the kingdom for gambling purposes may not be safe for personal life and property.» Dennoch, dass heute jemand zum Entspannen hier vorbeikommen kann, klingt tröstlich. Schöner werden und nicht geschlachtet, das ist ein klarer Fortschritt.

Stichwort Schönsein. In dieser Weltgegend besitzen sie hohe Backenknochen. Die erst verschaffen einem Gesicht diese beneidenswerte, unbezahlbare Eleganz.

Im Gedränge vor dem Passschalter komme ich mit Saem, einem Fahrer, ins Gespräch. Irgendwann fragt er mich, ob ich ein «spoke-man» wäre. Da ich nur ahnen kann, was er meint, betreiben wir beide ein wenig Grundlagenforschung in Sachen englischer Sprache. Wir kommen zu dem Schluss, dass «spoke» von «speak» kommt, ich somit ein «speak-man» wäre, der gerne spricht. Was noch immer zu Fehlschlüssen Anlass gibt, denn Saem redet und ich höre zu. Bis wir es genau wissen: Ein spokeman verlockt andere zum Sprechen. Das ist ein feines Kompliment.

Mit einem Pick-up nach Siem Reap. In London geht das Gerücht, dass ein paar Taxifahrer alle Winkel der Stadt kennen. Hier heißt es, manche kennen jedes Schlagloch. Bei Hey scheint das der Fall zu sein. Um Benzin zu sparen, schaltet er auf dem Weg zur nächsten Vertiefung die Zündung aus und schaltet sie beim Schwung hinaus wieder ein. Viel Ausschalten, viel Einschalten, Kambodscha ist ein armes Land.

Gut aussehendes Land, flach, links und rechts die Reisfelder, und zwischen zwei Monsun-Schauern diese makellose Tiefenschärfe. Kinder lachen, in den Tümpeln der Dörfer blühen wieder Lotusblumen, keine Totenschädel verstopfen mehr das Bewässerungssystem. Am Straßenrand graben Männer Gruben, nein, nicht ihr eigenes Grab, nur eine Mulde, um den platten Reifen zu reparieren. Der Wagenheber fehlt. Vor einer Brücke wartet Hey weise, bis der Vordermann sie vollständig überquert hat. Zwei Pick-ups auf einmal, das wäre keine schlaue Idee. Einmal muss er die Bodenbretter wieder zusammenschieben. Die Möglichkeit, durch einen breiten Spalt senkrecht ins Wasser zu kippen, auch die gibt es.

Nach Stunden holt mich die Gleichgültigkeit ein. Jene, die gut tut, weil Hitze und Feuchtigkeit den Körper in diesen abwesenden Zustand treiben. Der Genugtuung und Leidenschaftslosigkeit verbreitet. Wie nach dem Rauchen von Opium. Die Landschaft, der Blick auf die gelassenen Bewegungen seiner Bewohner, die Temperatur, das gleichmäßige Rütteln des Wagens, das alles legt das Herz still, nähert es einem Zustand wortloser Versöhnung.

Unter einem hellblauen Nachthimmel Ankunft in Siem Reap. Wer fünf Stunden auf einer kambodschanischen Hauptstraße unterwegs war, hat ein Recht auf Körperpflege. Kurz vor zehn lege ich mich zu La. Und La massiert mich. Die hübsche Frau ist Masseurin und nicht Masseuse. Und blind, folglich phänomenal begabt für Berührungen. La hört und sieht so vieles mit ihren Händen, weiß in jedem Moment, wie den Leib des andern besänftigen. Jeder, der von ihr weggeht, seufzt vor Wohlgefühl. Wer sonst darf das von seinem Beruf behaupten?

In mehreren Städten Kambodschas haben sich Blinde zu «Massage-Clubs» zusammengeschlossen, um nicht als greinende Bettler zu enden. Um – La erklärt es ausführlich – «Arbeit und Würde» zu finden.

Wir finden das Sweet Dreams Guesthouse. Am Eingang die Schuhe ausziehen und mit nackten Füßen am Hausaltar vorbei auf sein Zimmer zugehen, so keusch und sauber wie eine buddhistische Mönchszelle: ein hartes Bett, eine Dusche, ein Waschbecken, ein Stuhl, ein Tisch. Kein Fernseher, kein Telefon, nicht eine Versuchung.

Als ich mich in den Hof setze, um die Bilder des Tages zu notieren, passiert das, was jeder Schreiber am nachdrücklichsten fürchtet: nicht mehr allein sein dürfen. Neugierige kommen und schauen zu. In diesem Moment ist alles möglich, nur denken und aufschreiben, was man denkt, das hört auf. Natürlich könnte ich im Zimmer arbeiten. Aber es gibt ein Alleinsein, das ist zu viel allein. Draußen im Hof sitze ich mitten in diesem Land, mitten in einer kambodschanischen Nacht, ganz nah, ganz fern der Welt. Hier könnte ich auf der Lauer liegen und warten, bis das rechte Wort vorbeikommt, wären da nicht die Neugierigen und ihre Neugier auf einen Mann, der so verschwiegen in seinen Laptop tippt.

Am nächsten Morgen hinaus zu den Ruinen von Angkor, jenem Wunder, das die Khmer vor 1300 Jahren zu zaubern begannen. Heute Arbeitsstelle für ein paar Tausend, die den Fremden fragen, ob er eine Limonade oder drei Postkarten oder ein blaues oder rotes Khmer-Tuch kaufen will. Und die einem noch immer keinen zornigen Blick nachschleudern, wenn man nichts will.

Vielleicht hat die Leichtigkeit mit den Mönchen zu tun, die ab sechs Uhr früh durch die verstreut in der riesigen Anlage liegenden Dörfer gehen und um das tägliche Almosen bitten, sprich, dem Geber die Chance verschaffen, die Konditionen seiner nächsten Wiedergeburt zu verbessern. Ich folge diskret einem alten Mönchlein. Nähert er sich einem Haus, hört man Geräusche aus der Küche, jemand kommt heraus und legt dem Alten Reis in die Schale. Mit gesenktem Kopf und ohne jeden Augenkontakt. Einmal kommen zwei Frauen und ein Urbild von Schönheit entsteht. Die beiden knien nieder, und der Mönch beginnt zu beten, leise, innig. Wie versunken und demütig die drei scheinen.

Zwischen den weit verstreuten Ruinen stehen die Hütten der Polizei. Damit die Kostbarkeiten endlich da bleiben und nicht in den Privatsammlungen reicher Stinker landen. Der Weiße hatte schon immer eine Begabung, den Nichtweißen um sein Hab und Gut zu erleichtern. Tonnen von Angkor-Schätzen wurden nach der «Wiederentdeckung» der Anlage um 1860 abgeräumt.

Ein schwieriger Ausflug. Übersichtlich beschriftet und von Massen Neugieriger überrannt, die sich gegenseitig beim Abfotografieren im Weg stehen, verließ aller Zauber den Ort. Die Magie wich zurück in den Urwald, alles Verwunschene verschwand.

Die Erinnerung an das Grausame blieb. Noch heute, fast eine Generation danach, hängen an Bäumen und Steinen Plakate. Sie zeigen Bilder von Angehörigen, die unter Pol Pots Regime verschwanden. «Wer hat sie gesehen? Bitte, rufen Sie an!»

Am nächsten Morgen in einem Pritschenwagen nach Phnom Krom, der Anlegestelle. Eine knappe Stunde mit der linken Hinterbacke auf der Kante einer Ladefläche sitzen verschafft am Zielort eine außergewöhnliche Erfahrung: die unbezahlbare Empfindung, wenn keine Eisenteile mehr ins Fleisch schneiden. Das ist mit das Ergreifendste am Reisen: dieses Wiederfinden von Dankbarkeit, dieses Wiederwissen der schier hündischen Abhängigkeit vom eigenen Leib.

Mit einem Schnellboot über den See Tonle Sap nach Phnom Penh. Schiffsfahrten langweilen, so ist es Zeit, aus der Krankengeschichte des Landes zu erzählen: Die ersten fünfzehn Jahre nach der Unabhängigkeit 1953 dümpelt das Königreich vor sich hin. Ende der sechziger Jahre beschließen der amerikanische Präsident Nixon und sein Außenminister Kissinger – später Träger des Friedensnobelpreises, noch später ungeheurer Kriegsverbrechen beschuldigt –, acht Milliarden Dollar in das Land zu investieren. In Form von 540 000 Tonnen Sprengstoff, die nachtschwarze B 52-Bomber im Grenzgebiet zu Vietnam abladen. Um die Nachschubbasen des Vietcong wegzublasen. Die Nachschubbasen blieben, weggeblasen wurden ein paar zehntausend Kambodschaner.

März 1970 stürzt General Lon Nol mit Hilfe des CIA König Sihanouk, der ins Exil nach Peking flieht. Es kommt zum flächendeckenden Bürgerkrieg: Die Bauern unter Führung der Khmer Rouge – trainiert, indoktriniert und bewaffnet von Rotchina – gegen die Armee der rechten Marionette Lon Nol: bezahlt, gegängelt und bewaffnet von den Amis. Gleichzeitig stoßen US-Bodentruppen immer tiefer in das Land vor.

Der 17. April 1975 ist ein schöner Tag. Trotz der halben Million Leichen, die nun in Kambodscha herumliegen. Aber der Krieg ist zu Ende, die fremden Kriegstreiber haben das Land verlassen, unter dem Jubel der Bevölkerung ziehen die Khmer Rouge in Phnom Penh ein. Einen Tag herrscht Friede. Am nächsten bricht ein Schlachtfest los, wie es bis dahin noch kein Land heimgesucht hat.

Wie geht ein Volk mit diesen drei Jahren, acht Monaten und zwanzig Tagen Erbarmungslosigkeit um? Mit jenem Experiment, das vom «Neuen Menschen» phantasierte und dabei ein Viertel der Bevölkerung, siebzehnmal hunderttausend Männer und Frauen und Kinder, hinrichtete? Durch Strangulieren, durch Baden in giftigen Laugen, durch Gedärmeherausreißen, durch Prügel, durch Vernichtung mit Arbeit, durch Selbstmord, durch rasenden Hunger.

Nach seiner Vertreibung antwortete Pol Pot einem japanischen Reporter auf die Frage, was er bereue: «Die Abschaffung des Geldes. Die war ein Fehler.» Die Abschaffung der 1,7 Millionen, die bereue er nicht.

Die Khmer sind ein zurückhaltendes Volk, friedfertig. Das klingt grotesk angesichts des beispiellosen Massenmords. Und doch: Nie unterwarfen sie ein anderes Volk, nie raubten sie anderen ihr Land. Dass die Rasereien der Roten Khmer möglich waren, ist nur der Beleg für einen Fatalismus, der alles hinnahm. Alles.

Misshandelt werden oder sterben müssen, für was? Gründe gab es viele: weil ehemaliger Lon-Nol-Soldat, weil Mundräuber, weil heimlicher Leser. «Bruder Nummer eins» Pol Pot verachtete alles Intellektuelle und alles Sinnliche, er verachtete Schulen, Bücher, Universitäten, Singen, Denken, Lesen, Schreiben, Tanzen, Neugier und Erkenntnislust. Abgeschafft und verboten.

In der Hauptstadt treffen wir Dr. Ka. An ihn muss der französische Schriftsteller Albert Camus gedacht haben, als er schrieb: «Der Held beweist sich im Alltag.» Der studierte Mediziner und Psychiater hilft mit einem Dutzend Kollegen seinen Landsleuten dabei, das Trauma zu überleben.

Der Siebenundvierzigjährige kennt sich aus. Als die Khmer Rouge die Macht übernahmen, musste er sein

Medizinstudium aufgeben und Phnom Penh verlassen. Die Familie wurde getrennt; so reaktionäre Zustände wie Gefühle sollten beim Neuen Menschen nicht vorkommen. Sein Vater und zwei Brüder kommen um, lebendig begraben.

Er wird zur «mobilen Jugend» herangezogen, baut Reis an, zieht Bewässerungsgräben, hortet heimlich Medikamente, hält den Mund: «Nur Schweigen überlebt.» Seine Hilfe für einen Freund, dessen infizierten Fuß er behandelt, spricht sich herum. Der Dreiundzwanzigjährige wird zum Tode verurteilt, blutig geschunden, abgeführt und zum Amüsement seiner Peiniger scheinexekutiert. Monate später bittet wieder ein Freund um seinen medizinischen Beistand. Diesmal verweigert Ka die Hilfe, er weiß, dass sie im Wiederholungsfall abdrücken würden.

Der Freund stirbt, und seit diesem Tag hetzt den Arzt das Bild des Toten. Und die Frage, ob es nicht doch eine Chance gegeben hätte, ihn zu retten. Mit einem heroischen Arbeitspensum will Dr. Ka das Schreien und Flüstern in seinem Kopf zum Verstummen bringen.

Nehmen wir einen Patienten, einen von den vielen, die zweimal die Woche vor seinem Sprechzimmer im *Norodom Sihanouk Hospital* warten, nehmen wir Chhay-Leang. Einen halben Tag braucht der Vierundvierzigjährige von seinem Dorf bis hierher. Mit dreizehn kämpfte er in den Reihen der Roten Khmer, sah die Grausamkeiten, kämpfte irgendwann gegen Pol Pot, musste wieder grausam sein, kehrte eines Tages zurück zu den Reisfeldern seines Vaters. Und erst jetzt, nachdem der permanente Druck, sein Leben zu verteidigen, nachlässt, melden sich Körper und Kopf zu Wort. Mit allen posttraumatischen Symptomen: Herzflimmern, Gewichtsverlust, Bauchkrämpfe, Ziellosigkeit, grundlose Angst, Überdruss. Müde sein und nicht schlafen können, nein, nicht schlafen wollen. Schließt er die Augen, kommen die Bilder zurück: das Abholen der zum Tode Verurteilten, ihre Blicke auf ihn, den Mörder, die kleinen Bewegungen der Schwerverletzten, für die eine weitere Kugel zu teuer gewesen wäre. Seit Monaten kann er nicht arbeiten. Er sitzt da, isst wenig, geht ein paar Meter, sitzt wieder da, starrt.

Der Arzt fragt ihn nach seiner Zukunft. Und Chhay-Leang im löchrigen Hemd sagt nichts, dann «auswegslos», dann «vorbei».

Dr. Ka spricht in einfachen Bildern zu seinen Patienten. Die Begriffe westlicher Psychotherapie kann er sich sparen. Seine Hilfe besteht aus einer modernen Interpretation des Buddhismus, um dem Verstörten zu zeigen, dass nicht alles Schicksal und Karma ist, dass nicht jeder für seine einstigen Taten auf immer sühnen muss. Genau das hatte die Wehrlosigkeit gegenüber den Schindereien der Roten Khmer genährt: Viele Opfer empfanden sie als Strafe für ihr schlechtes, in früheren Leben angehäuftes Karma.

Aber das Hilfreichste scheint die bloße Nähe des Arztes, seine Konzentration, seine Wärme. Zwei sitzen sich eine halbe Stunde gegenüber. Nichts stört. Nur das beruhigende Geräusch des Ventilators ist zu vernehmen. Einer hört zu, einer redet. Manche, so der Arzt, brauchen zwei Jahre, bis sie nichts mehr verheimlichen und jeden Schmerz beim Namen nennen.

Für alle Patienten hat der Therapeut ein Dossier angelegt, Name, Alter, Herkunft, Symptome. Was auffällt, ist die handgezeichnete Skizze eines Stammbaums. Jeder Kreis bedeutet ein Familienmitglied. Und jedes Kreuz in einem Kreis ist der Hinweis auf einen Geschlachteten.

Manche haben drei, andere sieben, wieder andere vierzehn Kreuze.

Wohlweislich ließ Pol Pot das Wort «Tod» verschwinden, ersatzweise kam «bat kluon»: verschwundener Körper.

Ich spreche den Arzt auf das internationale Tribunal an, das mit Hilfe der UNO die Kriegsverbrecher richten soll. Natürlich weiß er, dass Teile der Regierung – selbst Täter aus den Reihen der Khmer Rouge – den Beginn der Verhandlung immer wieder zu hintertreiben suchen. Aber es gibt noch andere Gründe. Dr. Ka: «Auch viele einfache Leute wollen keine Verhandlung. Sie haben andere Sorgen heute, sie müssen überleben. Sie wollen vergessen, wollen an nichts erinnert werden, was den Abgrund wieder öffnet. Und eine Bestrafung der Mörder würde die Ermordeten nicht zurückbringen.»

Die Überlebenden suchen die obskursten Notausgänge. Als Uli Reinhardt und ich letztes Jahr schon einmal in Kambodscha arbeiteten, kamen wir nach Pumtami, ein Dorf südlich von Phnom Penh. Der dort erlebte Vorfall berichtet von einem Leid, von dem viele nichts ahnen: Wie in allen Dörfern der Welt gab es Hennen, Kühe, Gänse, einen Misthaufen und beschwingt spielende Kinder. Aber hier hatten sie noch einen «Kru», hier residierte Supi, die Medizinfrau.

Die Achtundsechzigjährige kam vom Gebet in der Pagode zurück, zog die schwarze Bluse und das schwarze Hemd an, wedelte mit einem Bündel Räucherstäbchen durch die Hütte, kniete vor dem Altar nieder und bat Ji Long, ihre erste Kundin, hinaus auf die Veranda. Neben dem Eingang wehte eine schwarze Fahne mit Totenschädel, eindeutiger Hinweis, dass hier eine Jagd auf Tote machte.

Supi saß auf dem Bretterboden, Ji Long lag vor ihr. Die Jägerin schmierte auf ein handtellergroßes Blatt weißen Kalk, legte ein paar Betelnüsse dazu, schob Blatt, Kalk und Nüsse in den Mund und fing zu kauen an. Schnell und heftig. Während sich ihre Lippen feurig rot färbten, nahm sie einen Tigerzahn von ihrer Halskette und markierte mit harten Strichen verschiedene Stellen auf Ji Longs Körper, beugte sich plötzlich über die Patientin und feuerte ihr die Betelsauce ins Gesicht. Während Tochter Saem den Brei gleichmäßig über Wangen, Mund und Stirn ihrer Mutter verteilte, kam – immer ohne Warnung – die nächste Ladung geflogen. Diesmal auf Hals und Brust.

Doch Spucken allein reichte nicht, um den bösen Geist zu vertreiben, der in Ji Long nistete. Bei jeder Fuhre Betel schlug die Kru mit der flachen Hand auf den besprühten Teil. Mehrmals. Beim Gesicht waren das drei, vier Maulschellen. Zielgenau, trocken. Neun Durchgänge, neunmal spuckte und holte Supi aus, so lange, bis der Leib der alten Frau wie eine rotbraune Mumie dalag.

Das war nur Vorspiel. Mit einem heftigen Ruck packte die Heilerin Ji Long bei den Haaren, riss den Kopf nach vorne, riss ihn nach hinten, umklammerte den Hals, würgte, würgte so, dass ihr Opfer mit den Beinen ausschlug und schluchzend seine Angst herausheulte. Und Supi setzte nach, quetschte den jetzt haltlos wimmernden Körper der Besessenen, wie man eine Tube ausquetscht. Kein Schlupfwinkel sollte dem Phantom bleiben, es sollte leiden, sollte auf und davon.

Mehrmals wiederholte sich die Rosskur, bis Supi – immer spuckend, Kantenschläge und Ohrfeigen austeilend – laut und deutlich in das todesbleiche Gesicht ihrer Patientin schrie: «Hör auf, verrückt zu sein, vergiss, vergiss das brennende Haus!»

In diesem Haus, angezündet von den Khmer Rouge, hatte Ji Long vor fünfundzwanzig Jahren zwei Söhne und eine Tochter verloren. Dieses Bild, diesen bösen Geist, war sie bis heute nicht losgeworden. So wenig wie ihre fünfundzwanzig Jahre alten Sprachschwierigkeiten. Ja, sie war im Hospital, nein, es wurde nichts besser. Nun hatte die Familie genug geerntet, um die Transportkosten und einen Kru zu bezahlen, immerhin sechzig Kilo Reis. Eine Woche wollte sie hier bleiben, jeden Tag antreten gegen das Unglück.

Noch ein Nebensatz. Um vom Geheimnis der Sprache zu reden und dem seltenen Wunder, dass Literatur für Momente die Mordlust zu bremsen vermag. Kassie Neou, der Leiter des kambodschanischen Instituts für Menschenrechte, überlebte, weil er seinen Bewachern die Fabeln von Äsop erzählte. Jenem genialen Griechen, der sich vor zweitausendsechshundert Jahren wieder und wieder mit Worten davonredete.

Wir bleiben zwei Tage in der Hauptstadt. Phnom Penh hat Charme, wie alle anderen von Paris in Indochina erbauten Städte. Fluche einer gegen die Gier französischer Kolonialpolitik. Aber wo sie architektonisch eingriff, da wurde die Welt geschmackvoller.

In den Straßencafés der Stadt sitzen die gut gewachsenen jungen Männer und blicken herüber. Und die schönen jungen Frauen lächeln zurück. Berührende Augenblicke. Hier ist die Vergangenheit kein Thema, hier wollen sie leben, jetzt, jetzt und immer.

Die Stadt braust, mir schenkt sie noch zwei Begegnungen der besonderen Art. Ich sitze hinter Wana, meinem Moped-Taxler, als ein breites Gesicht neben uns auftaucht. Und ein Mann, der Eigentümer der Visage, von seinem Soziussitz aus Drohungen gegen mich ausstößt.

Ich bin neugierig und frage den Zornigen, wer für sein Unglück verantwortlich sei. Tatsächlich sehe ich in ein blauschwarzes Auge und eine lädierte Unterlippe. «Fuck you, bastard», schreit er zurück. Ich rate ihm – erstaunt über meine eigene Friedfertigkeit –, ganz nah heranzufahren und zu erklären, was das verbeulte Gesicht und die Wut mit mir zu tun hätten. Und so rollen wir nebeneinanderher durch den Stoßverkehr von Phnom Penh, und der vielleicht vierzigjährige Engländer spricht sich aus: dass ich gestern im Foreign Correspondant Club schamlos seinen Zustand gehobener Trunksucht ausgenutzt und ihm die Vorderseite poliert hätte. Hatte er doch die David-Letterman-Show eingeschaltet, während ich auf den CNN-News bestanden hätte. Deshalb die Fausthiebe.

Als wir auseinander fahren, weiß ich nicht, ob der Mensch mir mein Alibi glaubt, auch glaubt, dass ich schon Geld dafür bezahlt habe, dass man mich mit dem Nachrichtenschrott aus Atlanta verschont. Aber ich weiß, dass ich diesen Menschenschlag kenne: den in fernen Ländern gestrandeten Korrespondenten, den allabendlichen Säufling, der seinen Zynismus im Kreise anderer schreibender Alkoholiker zur Nachtruhe bettet.

Auch die nächste Begegnung ist voller Geheimnis und Rätsel. Ich stehe vor der Deutschen Botschaft, hätte gern ein paar Informationen. Am Vortag habe ich telefonisch erfahren, dass «dienstags nicht gearbeitet» würde. Nun, heute ist Mittwoch, und kurz vor zwölf Uhr antwortet niemand auf mein Klingelzeichen. Nach mehrmaligem Läuten und Klopfen öffnet der Pförtner und lässt ausrichten, das Personal sei beim Mittagessen, ich solle um 14 Uhr 30 wiederkommen.

Ich will dem deutschen Beamten seine zweieinhalbstündige Siesta gönnen und verdufte. Um 14 Uhr 35 bin ich zurück. Ich spare mir jetzt das Klingeln und poche umgehend. Ein anderer Pförtner (der erste wird wohl augenblicklich umgebettet) meint, ich solle morgen wiederkommen, noch immer wäre niemand im Haus.

Ich mag so unverschämte Antworten, weil sie mich schlagartig jeder Höflichkeit entbinden. Laut und frech – den rechten Fuß in der schweren Eisentür – weise ich darauf hin, dass ich deutscher Staatsbürger bin und darauf bestehe, dass sich jetzt ein mit Auslandszuschüssen, Aufwandsentschädigungen, Umzugsspesen und Pensionsaussichten verwöhntes Faultier hochrappelt und mich empfängt. Das ist ein langer, deutlicher Satz, er wird verstanden, man wolle nachschauen, «vielleicht ist doch jemand da».

Ich bin noch immer nicht in der Botschaft, das Portal wuchtet zu, ich schmore weiter, der nächste Schatten liegt auf der anderen Straßenseite. Zu weit, um von dort aus effizient reagieren zu können. Nach neun Minuten öffnet sich jetzt zum dritten Mal das Tor, und Teil drei der Hanswurstiade beginnt: Ich soll Namen und Fragen aufschreiben. Ich habe ungefähr zwanzig Fragen. Eingedenk der Tatsache, dass man Faultiere nicht mit der Aussicht auf zu viel Anstrengung verschrecken darf, schreibe ich nur die fünf einfachsten auf. Habe ich einmal das Gebäude betreten, kommen die nächsten fünfzehn dran.

Wieder warten, wieder schmoren. Bis sich ein kleineres Wunder begibt und ich hineindarf. Hinein in die saubere, klimaanlagekühle, von keinem Arbeitsschweiß bedrohte Botschaft. Und ich sehe insgesamt sieben Angestellte, die sitzen, Aktenordner öffnen, plaudern, in seltenen Augenblicken verhaltenen Schritts von einem Schreibtisch zu einem anderen Schreibtisch wandern. Das angenehme Geräusch einer Kaffeemaschine ist zu hören. Nicht, dass es sich um eine Auslandsvertretung handelte, vor dessen Mauern knüppelschwingende Ordnungskräfte eingreifen, um die Heerscharen gellender Asylbewerber zur Räson zu bringen. Mein Gesuch somit verschoben werden müsste, da ein tumultuarisches Tagesgeschäft das Personal an den Rand seiner Kräfte jagt. Nein, ich bin völlig allein, der allereinzige anwesende Bittsteller.

Eine Dicke gibt schließlich Auskunft. Der Hinweis auf den guten Ernährungszustand der Person sei erlaubt, auch er signalisiert eine eher friedliche, zu keinem rabiaten Kalorienabbau drängende Arbeitswelt. Dass die Auskünfte eher mager und die mir ausgehändigten Drucksachen – ich wollte eine Liste mit den Visabestimmungen der noch zu besuchenden Länder – unvollständig sind, sei der peinigenden Vollständigkeit halber noch erwähnt.

Möglich, dass ich es nie hierher geschafft hätte, hätte ich nicht auf den Zettel mit den Fragen noch einen sechsten Punkt gekritzelt: die Notlüge, dass ich für eine große deutsche Tageszeitung recherchiere. Und vom gerade vorgeführten Kasperltheater berichten würde, sollte es nicht umgehend aufhören.

Kurt Tucholsky hat es nie zur Nr. 76 in der Street 214 von Phnom Penh geschafft, aber in einer ähnlichen Situation muss ihm der dunkelschwarze Aphorismus eingefallen sein: «Deutschlands Schicksal: Vor einem Schalter zu stehen. Deutschlands Ideal: Hinter dem Schalter zu sitzen.»

Die Erfahrung an diesem Ort scheint umso absurder, als ich von allen Botschaften auf allen Reisen nur mit Freude berichten kann. Dass bisweilen die Herren Botschafter Termine absagten, um mich zum Essen einzuladen, mich im Dienstwagen verstauten, ja Brennholz orderten, um zum Kamingespräch zu bitten. Nicht weil ich es war, nein, weil ein Fremder daherkam, einer von draußen, einer, der für Stunden die schaurige Gewissheit verscheuchte, noch drei Jahre in einem gräulichen Hauptstadt-Kaff ausharren zu müssen.

Nach Szenen wie diesen, in denen ich laut und fordernd auftrete, überkommen mich hinterher zwiespältige Empfindungen. Durchaus Befriedigung, weil am Ziel. Aber auch Zweifel und der Wunsch nach einem zweiten Versuch. Da würde ich dann als Buddha auftreten, als einer, der lächelt und vergibt und nicht getrieben wird von einem Ziel.

Fahrt nach Vietnam, ohne Zwischenfall. Am Grenzort Moc Bai wird auf Plakaten zum bürgerlichen Familienleben aufgerufen. Wer das nicht durchhält, solle zumindest zum Präservativ greifen. Ansonsten keine Aufforderungen zum rechten Tun. Easy crossing, kaum Verkehr, die Gepäckkontrolle in das noch immer kommunistische Land geht so nachlässig vonstatten, dass wir in unseren Rucksäcken eine (zerlegte) Stinger-Abwehrrakete rüberschmuggeln könnten.

Mit dem verschwiegenen Taxifahrer Hon nach Ho Chi Minh City. Hon gibt sich mysteriös, mindestens ein Dutzend Mal spricht er in sein Handy, knapp, keine Widerreden abwartend, bestimmt. Ich müsste nicht Vietnamesisch sprechen können, müsste nur Graham Greene oder E. M. Forster sein und loslegen in meinem Kopf, «spin off a story»: eine Geschichte erfinden mit Hon, dem Doppelagenten, und zwei ahnungslos in seine Machenschaften geratenen Reportern. Mit perfid intelligenten Agentinnen, abgründig einsamen Leibwächtern und einem fulminanten Happy End: Hon und ich hoch über dem

Mekong, an den Landebügeln eines Helikopters hängend, tollkühn für das Schöne und das Böse kämpfend und dabei nie den zweiten Helikopter aus den Augen verlierend, von dem aus der Fotograf die Bilder seines Lebens schießt.

Als wir das brodelnde Ex-Saigon erreichen, trifft mich tatsächlich eine linke Gerade. Nicht von Hon, der zuvorkommend die Tür öffnet, es ist die Hitze, die einem beim Verlassen des Wagens entgegenfaucht.

Als Toter lege ich mich in die Badewanne des Hotelzimmers. Ist es nur die Hitze? Nur die Mühsal einer Weltreise? Oder kommt jetzt die Rechnung für den pausenlosen Missbrauch des Körpers? Die zwangsverordnete Ruhelosigkeit, die kärgliche Ration Schlaf? Ist jetzt der Reservetank an? Oder bin ich tot, weil ein täglicher, nächtlicher Kampf gegen einen verwundeten Rücken letzte Reserven auffrisst? Beschloss doch drei Tage vor meiner Abreise ein Pariser Autofahrer, mir den Weg abzuschneiden. Was zur Folge hatte, dass ich gegen eine Hausmauer prallte und wie ein Käfer rücklings vom Fahrradsattel fiel. Das sah umso hübscher aus, als ich kurz zuvor am rechten Mittelfinger operiert worden war und noch einen mächtigen Verband trug. Eben an einem so aufregenden Gebrechen wie einer Nagelhautentzündung litt. Ich somit ab sofort an zwei Entzündungen laborierte, am Nagel und am Rücken. Am selben Abend rief Uli Reinhardt an und berichtete von seinem Sturz die Kellertreppe hinunter, wobei ein Backenzahn auf der Strecke blieb. Am Ende des Gesprächs ahnten wir, dass es Zeit wurde, uns davonzumachen. Denn Reporter leben gefährlich – zu Hause.

Nach einer Stunde steige ich aus dem Wasser. Wärme heilt, immerhin für die nächsten Stunden. Man sollte dem Erfinder der Badewanne posthum den Friedensnobelpreis verleihen. Es gibt nicht so viele Orte, die ähnlich souverän zum Wohlbefinden der Menschheit beitragen.

Hinaus in die Stadt, die unzählige Kitzel und Missverständnisse verspricht. Als ich mich in ein Restaurant setze, steht plötzlich ein dünner Kerl neben mir und reibt mit der rechten Handfläche seinen Bauch. Die Geste ist eindeutig, ich nicke, der taubstumme Manh nimmt Platz. Wir essen. Und reden nicht. Wir schreiben uns. Das produziert eine Nähe, die mir sofort gefällt. Weniger Worte, weniger Verletzungen. Manh ist dünn wie ein Storch, merkwürdig fahrig bewegt er seinen Körper. Ich bin blind und sehe nicht, was ihn umtreibt. Er schreibt:

– Was machst du morgen?

– Ich fahre nach Cu Chi.

– Ich komme mit.

So weiß ich, dass ein Taubstummer mich morgen auf einer Motorradtour begleiten wird. Dass er mir gleichzeitig das Fürchten beibringen wird, das weiß ich noch nicht.

Ich streune durch die Stadt, jetzt kurz nach neun Uhr. Nachts, nicht irritiert von der Helle des Tages, arbeiten die Sinne besser. Sind heller, verwundbarer.

Die nun folgenden Ereignisse lassen mich an den alten Vorschlag denken, Bücher – siehe Filme – erst ab einem bestimmten Alter freizugeben. Die Idee hat was. Was nun folgt, ist für Erwachsene.

Nach einer langen Stunde Wanderns stehe ich vor einem Rohbau. Ich halte einen Moment inne, da ich mir einbilde, im ersten Stock – nur nachlässig geschützt von einer Bambuswand – schemenhaft Personen zu sehen. Umgehend erscheint ein Mädchenkopf am oberen Rand einer Balustrade und zischt leise: «Come, come.»

Ich folge der einladenden Armbewegung und husche über eine provisorische Treppe hinauf. Sobald sich die Augen an das diffuse Licht der von draußen hereinscheinenden Straßenlampen gewöhnt haben, bleibt kein Zweifel. Ich wurde als Kunde gerufen. Um in diesem Sackgassen-Puff den gebotenen Service in Anspruch zu nehmen. Ich bin zu überwältigt von dem Gebotenen, um irgendeinen Gedanken an Erotik aufkommen zu lassen. Als Reisender und Reporter durchquert man so manches Bordell, aber in dieser vietnamesischen Mainacht entdecke ich den harten, den härtesten Strich.

In einem langen, von einer zur anderen Seite des Hauses reichenden Raum – unverputzte Wände, kein einziges Möbel – stehen die Mädchen. Und Männer, meist Dreiergruppen, flanieren an ihnen vorbei. Ein kurzes Nicken mit dem Kopf, und die Hure geht mit. Ein paar Schritte, bis irgendwo zwei Quadratmeter frei sind und sie eine Plastikfolie auf dem Betonboden ausbreitet, die Scheine verstaut (drei Dollar pro Männerglied), sich auf den Rücken legt, den Slip abstreift und die Beine öffnet. Das ist das Startzeichen für den ersten Anwärter, der nun seine Hose öffnet, sich niederkniet, mit ein paar trockenen Stößen sein Bedürfnis hinter sich bringt, aufsteht, den Reißverschluss zuzieht und dem nächsten Kunden – er wartet direkt hinter ihm – Platz macht. Wieder die trockenen Stöße. Ist der Letzte in der Reihe fertig, wischt die Prostituierte mit einem Stück Klopapier über ihr Geschlechtsteil, fingert nach dem Slip, faltet das Plastik, geht zurück an die Mauer. Nicht jeder greift nach einem Kondom, nicht jede besteht darauf. Alles geschieht wie hinter Glas. Wer redet, flüstert. Kein Laut des Ekels, kein Lustseufzer, nur die seltsam einfachen Geräusche von Männern und Frauen, die sich umstandslos begatten. Später werde ich mich an das Knirschen von Schuhsohlen auf Kieselsteinen erinnern, Männern, die an den beschäftigten Mädchen vorbeischlendern und einen gleichmütigen Blick auf sie werfen, sich fragen, ob sie sich hier anstellen sollen oder bei einer anderen, nicht weniger abwesend daliegenden Frau. Wie schafft der Mensch das?

Sechs

Ho-Chi-Minh-Stadt, sieben Uhr morgens. Manh und ich treffen uns im Restaurant. Wieder bemerke ich seinen fahrigen Körper, wieder sehe ich nicht dahinter.

Schwieriges Frühstück. Vietnam boomt, und für manche kommt der Boom zu spät. Sinh schraubt sich bäuchlings auf uns zu, mit Sandalen an seinen Händen schiebt er seinen in drei Himmelsrichtungen verbogenen Leib heran. Dinh, der Unterarmlose, kommt vorbei und gewährt eine Nahaufnahme seiner Stümpfe. Mit frischer Stimme bestätigt er das Malheur: «Yes, yes, yes.» Tran stellt sich mit nacktem, rundum verbranntem Oberkörper vor und dreht sich dabei.

Irgendwann betritt Nguyen, der Zeitungsjunge, das Lokal, er hat die neueste Ausgabe des TIME-Magazine dabei. Die Titelgeschichte handelt von einem amerikanischen Exsenator, der verdächtigt wird, vor zweiunddreißig Jahren in diesem Land knapp zwei Dutzend Frauen und Kinder massakriert zu haben. Dafür heftete ihm Präsident Nixon einen Orden an die Brust, unter anderem für «conspicuous gallantry», für außerordentliche Ritterlichkeit.

Manh und ich mieten eine schnelle, giftige Honda. Die Stadt nähert sich der Zehn-Millionen-Grenze, und die Teilnahme am morgendlichen Berufsverkehr fordert von jedem Anfänger die Konzentration eines Zen-Schülers. Beneidenswert, wie kreativ die Einwohner mit den Verkehrsregeln umgehen, wie leicht sie ineinander gleiten, wenn hundert abbiegen und hundert geradeaus wollen. Das Chaos fließt, kaum einmal kommen wir zum Stehen.

Konzentrationsschwächend wirkt nur der Seitenblick auf die so mühelos zurücklächelnden Vietnamesinnen, die ärmellange Handschuhe tragen, ihre freien Schultern zeigen, bisweilen das schwarze Haar unter einem lila Strohhut flattern lassen, hundertmal am Tag wissen, wie schön sie sind.

Lange Fahrt Richtung Norden, irgendwann ziehen nur noch Wasserbüffel an uns vorbei. Nach zwei Stunden sind wir am Ziel, den Cu-Chi-Tunneln. Nach dem Krieg wurde die 250 Kilometer lange Anlage weltberühmt. Das unterirdische Netzwerk ermöglichte es dem Vietcong, Überraschungsattacken gegen die US-Armee zu starten. Was seinem Gegner ermöglichte, das Gebiet als intensivst gebombtes, vergastes, entlaubtes und verwüstetes der Kriegsgeschichte zu hinterlassen.

Gibt es ein hartnäckiges Volk, dann lebt es in Vietnam. Jeder, der sich mit dessen unwiderruflichem Willen, unabhängig zu sein, anlegte, musste als Verlierer das Land verlassen. Die Chinesen, die Japaner, die Franzosen, zuletzt die Amerikaner.

Heute sind einige Stollen für Besucher ausgebaut, vergrößert und beleuchtet. Ein Offizier erklärt, führt von Kommandozentrale zu Lazarett und Feldküche. Nach der offiziellen Führung dränge ich, bis ich hinunter in das dritte Untergeschoss mit den Gängen in Originalgröße darf. Nachtdunkel, zum Durchkriechen, mit Fledermäusen, die uns entgegenflattern und nicht vorbeikommen. Klaustrophobische Ängste holen mich ein. Das Gefühl, durch eine winzige Klappe von einer Finsternis in die andere zu kriechen, ist neu. Schweißgebadet berühre ich immer wieder die Füße des Soldaten vor mir, sie sind mein einziger Kontakt mit der Realität. Eine halbe Stunde schaffe ich.

Kein Außenstehender begreift, wie die sechzehntausend Männer und Frauen jahrelang hier durchhielten. Nur sechstausend überlebten die Todesangst und die Angriffe der B52-Bomber, überlebten bis zum Ende. Die unbedingte Liebe zur Freiheit nährte sie, die Überzeugung, dass sie wichtiger ist als alles andere. Wichtiger als Frieden.

Manh hat gewartet, er wollte nicht hinuntersteigen. Jetzt verrät er Zeichen einer sonderbaren Erschöpfung, deutet mit der rechten Hand auf seinen Hintern. Ich lache, weil sein bohrender Zeigefinger zu verwirrenden Gedanken Anlass gibt. Ich binde ein Seil um uns beide und starte.

Während der Fahrt muss ich immer wieder nach Manh fassen, da er seitwärts wegzukippen droht. Andere Fahrer deuten auf den Erschöpften, geben zu verstehen, dass wir zwei ein bizarres Paar bilden. Mehrmals halte ich an, schüttle ihn, da sein Dämmerzustand die Gefahr herunterzufallen erhöht, fahre zurück, um seine verloren gegangenen Sandalen zu suchen, muss einmal notbremsen, da ein Krampf meine rechte Wade blockiert, verschnüre uns neu.

Nach siebzig Kilometern jault Manh wie ein verwundetes Tier und presst unablässig den Finger in seinen Hosenboden. Bis meine Blindheit aufhört, ich rechts ranfahre und auf einen Zettel «Heroin?» schreibe. Und Manh blöd vor Verlangen nickt. Eine Spritze soll in seinen Hintern fahren, nur ein Schuss kann ihn augenblicklich erlösen.

Mich würde jetzt Stille erlösen, ich möchte jetzt einsam sein dürfen. Beides ist in dieser Stadt schwerer zu organisieren als ein Zentner Rauschgift. Ich frage mich durch, bis verstanden wird, dass ich nach keinem sinnlicheren Vergnügen lechze als nach einem Tisch, einem Stuhl, einem Ort ohne jede Zumutung. Und ein verständiger Mensch mich im Metropol Hotel ablädt, wo im leeren Restaurant kein Karaoke, kein Fernseher und kein Kinderreichtum die Nervenspitzen schindet, wo ein federleichter Ober «certainly» sagt, lässig auf eine Steckdose für den Mac weist und dem Gast das Kostbarste schenkt, um das ein Fremder bitten darf: Diskretion, diesen unglaublichen einen Quadratmeter, auf dem er schreiben und lesen und unberührbar sein darf.

Zwei Stunden später mache ich mich auf den Weg zum «opium man». Ich will keine Spritze, ich brauche eine Pfeife. Sie wird den Schmerz im Rücken bannen. Ein solcher Genuss wird mich wieder daran erinnern, dass der intelligente Gebrauch von Drogen das Leben nicht erledigt, eher vertieft, dabei in Zonen führt, in die keiner ohne «Rauschgift» – lassen wir es bei dieser Bezeichnung aus dem Wörterbuch der Rauschlosen – eindringt.

Als ich das Hotel verlasse, steht Manh vor dem Eingang. Was überrascht, denn wir hatten uns voneinander verabschiedet. Zudem, woher weiß er, dass ich hier bin? Sein wutverzerrtes, ja verzweifeltes Gesicht lässt vermuten, dass er das erhaltene Geld bereits investiert hat und dass nun Nachschub fällig ist. In Form von neuen Dollar, von nächsten Spritzen. Als der Dünne auf mich losgeht und nach mir ausholt, wird mir einmal mehr klar, dass jeder abstürzt, der beim Umgang mit Drogen nicht klug verfährt. Dass nichts übrig bleibt als ein Häufchen Elend, wenn einer vergisst, dass er sich zu einer unberechenbaren Geliebten legt. Weiß er mit ihr umzugehen und erkennt die Augenblicke, in denen er sie verlassen muss, dann wird er abheben und fliegen und sicher landen.

Weiß er das nicht, dann wird er enden wie Manh, der jetzt zornbebend auf mich einboxt.

Ich renne los, renne weiter, springe auf eine vorbeifahrende Fahrrad-Rickshaw. Weit hinter mir geht Manh erschöpft in die Hocke. Junkies haben keine Kondition, ich bin in Sicherheit. Ich zeige dem Fahrer die Adresse, er nickt, eine lange Fahrt Richtung Hafen liegt vor uns.

Einen halben Meter vor mir tritt Hoang in die Pedale. Er hat sechs Kinder und muss täglich anschaffen. Als ich seinen schweißgebadeten Nacken sehe, muss ich an einen Artikel in einem deutschen Magazin denken. Der Verfasser – «Vietnam-Kenner» und Bezieher eines fünfstelligen Monatsgehalts – lädt den Leser zum Urlaubmachen hierher ein. Der Schreiber ist rührend um unsere Sicherheit besorgt und rät (daran erkennt man den Kenner), die Rickshaw-Fahrer vor den großen Hotels zu heuern. Die wären «sicher», aber «leider auch teuer». Einen Dollar die Stunde teuer. Sechzig Minuten Strampeln bei 38 Grad Hitze, 90 Prozent Luftfeuchtigkeit und grässlicher Luftverseuchung, okay, aber für dreieinhalb Pfennig die Minute, das ist ein starkes Stück.

Autor und Blatt gelten als «links».

Hoang hält vor einer Kaschemme. So ist es ausgemacht, der «opium man» wollte seine genaue Adresse nicht herausrücken. Nachdem sich der Wirt vergewissert hat, dass ich hier nicht als Informant der Polizei auftrete, führt mich sein Sohn durch ein Gewirr von Gassen. Bis hinter dem letzten Eck die Dschunke liegt, auf die er deutet. Mit einem Grinsen zieht er sich zurück.

Sinh (so soll er heißen) und ich haben die besten Voraussetzungen, um zusammen das Gift zu genießen. Wir sprechen keine zehn Worte einer gemeinsamen Sprache. Er weiß, was ich will, und den Preis schreibt er mit

Kreide auf die Planken. Auf die wir uns legen, nebeneinander, zwischen uns – am Kopfende – die Petroleumfunzel.

Mit der Eleganz eines Profis beginnt der Alte die Zeremonie, knetet den zigarettenschachtelgroßen Klumpen, schmilzt ihn, stopft ein Stück in die dreißig Zentimeter lange Pfeife, reicht mir das Mundstück, hält gleichzeitig den Pfeifenkopf über die kleine Flamme, hält so lange, bis ich dreimal, viermal tief und tiefer inhaliert habe. Dann bedient er sich selber. So ist es üblich, das garantiert, dass Käufer und Verkäufer den Trip und die Freuden einer ozeanischen Seligkeit gemeinsam antreten.

Die steigt, während ich von draußen das Tuckern vorbeifahrender Boote vernehme, das Schlagen der Wellen am leichten Schaukeln unserer Körper spüre, Stimmen höre, die sich nähern und wieder entfernen. Das sind die Augenblicke, in denen ich mir zuflüstere: So will ich leben.

Nach vier Durchgängen bereitet Sinh Tee. Für die jetzt taub-trockenen Kehlen. Dazu Zigaretten rauchen, jede Faser des schweren, dampfenden Leibes wahrnehmen, wieder nichts reden, wieder nichts reden wollen, sich vornehmen, nicht drei Sekunden zu versäumen vom Glück. Was nur ein anderes Wort wäre für jene Gleichgültigkeit, die vor nichts Halt macht. Auch nicht vor dem Ego, das betäubt aufhört, irgendwelche Sehnsüchte zu formulieren. «Peace of mind», kichert Sinh. Ich kichere auch, wahrscheinlich hat er die Werbung von American Express gesehen, die versprechen tatsächlich diesen kostbaren Zustand.

Knapp zwanzig Runden drehen wir gemeinsam, dann reiße ich mich zusammen, um die Reste meiner kognitiven Fähigkeiten zu mobilisieren. Um irgendwann mit

Hilfe des Alten hinaus in die Gassen zu finden und einen barmherzigen Taxifahrer zu suchen, der mich verstaut und ins Hotel verfrachtet.

Aber ich will nicht schlafen und träumen, will den Rausch genießen. So schaffe ich die zehn Schritte ins Restaurant Zen, wo Long auf mich wartet. Sie wartet auf jeden, der hier vorbeikommt. «Massa-massa», sagt sie, und ich schlafe ein. «Lipp-lipp», kommt als Nächstes, und ich wache auf. Zuletzt, wie ein Mantra, «fuck-fuck, fuck-fuck, fuck-fuck». Und würde die Hübsche mich dafür bezahlen, ich könnte nicht. Opium ist ein «downer», ein Gegengift, das Gegenteil von Lust und Wollust.

Am nächsten Tag habe ich eine Verabredung mit Phuong. Wir kennen uns über eine gemeinsame Freundin in Deutschland, wo die Vietnamesin zwanzig Jahre gelebt hat. Starke Frau, wir treffen uns in ihrem mondänen Café. Alles gehört ihr, sie ist der Boss. Seltsamerweise reden wir über die Liebe. Sie sagt, dass sie vor kurzem nach Hue gefahren ist, um dort zu weinen, weil eine Liebe in die Brüche gegangen war. Innen und außen, meint sie, müssen bei wichtigen Gefühlen übereinstimmen. Wenn ihr Körper weine, müsse die Welt weinen. Dann ließe sie intensiver los. Und in Hue regnet es viel. Jetzt ist sie wieder allein, jetzt habe sie wieder viele «ungeteilte Gedanken». Es scheint, als klängen die beiden Worte «ungeteilte Gedanken», von einer Vietnamesin gesprochen, ungewöhnlicher, poetischer, als spräche sie eine Deutsche.

Den Nachmittag über im «Museum of American War Crimes», das heute – im Zeichen der Annäherung der beiden Staaten – «War Remnants Museum» heißt. Die Unbenennung entbehrt nicht einer gewissen Ironie. Remnants heißt Reste, also ein Museum, das die Überreste eines Landes zeigt. Nach dem Krieg und nach den Kriegsverbrechen. Hier sieht man, was nach dem 30. April 1975 übrig blieb. Nachdem der spätere Friedensnobelpreisträger Henry Kissinger und sein Chef Richard Nixon (plus ihre Vorgänger) insgesamt 925 Milliarden Dollar lockergemacht hatten, um das Land in den Abgrund zu bombardieren. Mit Hilfe von 7 850 000 Tonnen Bomben und 25 Millionen Bombenkratern. Als Belohnung für so viel Sorge um den Weltfrieden und so viel Angst vor dem Kommunismus gab es für die USA eine furiose Niederlage mit zwei Millionen toten Vietnamesen, 68 000 toten Amerikanern und einem Heer von Krüppeln auf beiden Seiten. Und bis heute kein offizielles Wort der Amerikaner, das um Verzeihung bat. (Sollte einer das verzeihen.)

Eine Sonderausstellung ist den Fotografen gewidmet, die in Indochina ihr Leben verloren. Wie der begabteste unter ihnen, Robert Capa. Er war neben Seymour und Cartier-Bresson einer der Gründungsmitglieder der Agentur Magnum und gilt noch immer als Ikone aller Kriegsberichterstatter. Er hatte alles, lässige Umgangsformen, ein gut geschnittenes Gesicht, unheimlichen Mut, Erfolg. Im schönen Budapest war er zur Welt gekommen, sprach fünf Sprachen, roch immer den «entscheidenden Moment» und trat am 25. Mai 1954 um 14 Uhr 55 – um diese Zeit glaubten die Franzosen noch, ihnen gehöre dieser Erdteil – auf eine Mine. John Mecklin, der LIFE-Reporter, der ihn begleitete, notierte, dass Capa Minuten vor seinem Tod «exquisitely bored» gewesen war. Um dieser Langeweile zu entkommen, rannte er in Richtung Action. Der herbeigerufene Arzt fragte Mecklin, ob Capa der erste amerikanische Korrespondent sei, der in Indochina sein Leben verlor. Auf dessen Bejahung meinte er:

«Das ist ein harter Weg für die Amerikaner zu begreifen.»

Im Souvenirshop des Museums kann man Feuerzeuge kaufen, in Form einer Minikanone oder eines Buddha mit der Aufschrift: «Wenn die Macht der Liebe die Liebe zur Macht überwältigt».

Randnotiz: In den Staaten besuchte ich einmal das Grab eines gewissen Matlovich. Tod durch Aids. Freunde hatten es mir gezeigt. Matlovich, der Vietnam-Veteran, war wegen Homosexualität unehrenhaft aus der Armee entlassen worden. Trotz einer früheren Auszeichnung. Auf seinem Grabstein stand: «When I was in the military they gave me a medal for killing two men, and a discharge for loving one.»

Ich fahre zum Postamt, um Briefpapier zu besorgen, und erfahre nebenbei, wie Versöhnung funktioniert. Das märchenschöne Gebäude haben vor hunderfünfzig Jahren die Franzosen erbaut. Dafür rücken sie drei Stufen auf der Himmelsleiter nach oben. Mitten in der Halle stehen lange Tische und lange Bänke. Unter dem leisen Surren der Ventilatoren sitzen die Alten und schreiben lange Briefe. Wer sich konzentriert, hört das feine Kratzen der Federn auf dem Papier. Der achtundsiebzigjährige Ngo arbeitet hier als «Übersetzer und Poet». So sagt er, scheu lächelnd. Eine ältere Dame sitzt neben ihm, Mutter von Diem, der in den USA arbeitet. Und Ngo überträgt den vietnamesisch aufgesetzten Brief ins Englische. Auf meine Frage, warum denn übersetzen, Diem spräche doch die Sprache seiner Mutter, kommt Ngo mit der extravaganten Antwort: «Damit die Schwiegertochter es auch versteht.» Wie höflich, wie rücksichtsvoll. Ngo senkt vertraulich die Stimme: «Ich poetisiere den Brief ein wenig, Frau Diem möchte Eindruck machen.»

Auf dem Weg zurück ins Hotel komme ich an der Moschee in der Dong Du vorbei. Mit freundlichen Gesten werde ich eingeladen zu einem Rundgang. Angenehm, blitzsauber, erkenntnisreich. Sprüche pflastern die Wände, einer enthüllt: «Ein Unzüchtiger heiratet nur eine Unzüchtige.» Verrät uns Allah, the All-Knowing, der Alleswisser.

Flug nach Kuala Lumpur. Neben mir sitzt die junge Dingh und weint in fünf Bogen dicht beschriebenes Thermopapier. Ich frage behutsam und erfahre, dass ihr eine Freundin die Blätter mit auf die Reise gegeben hat. Als eine Art Abschiedsbrief. Denn für lange Zeit werden sie sich nicht mehr sehen.

So viel Schmerz über eine Mädchenliebe, die jetzt aufhören muss. Weil Dingh nach Europa fliegt und dort einen Mann heiraten wird. Ich versuche in einem Buch zu lesen, vergeblich, muss immer wieder innehalten, weil ein Schluchzer alle Aufmerksamkeit beansprucht. Einmal nehme ich Dinghs Hände zwischen meine. Das scheint sie zu beruhigen. Bis sie – eingeleitet durch ein Beben den ganzen Körper entlang – wieder losschluchzt. Ein solcher Schmerz und eine solche Kraft, ihn so wehrlos zuzulassen, das rührt an.

Zwischenstopp in der malaysischen Hauptstadt. Die sieben Stunden Warten am Flughafen beginnen mühsam. Wir brauchen eine Boarding Card für den Anschlussflug nach Sydney. Das Gespräch am Schalter für «connecting flights» geht so: Die Angestellte fragt nach meinem Visum für Australien. Ich sage, dass ich ein «electronical one» habe, ein unsichtbares, zeige ihr den von der australischen Botschaft in Phnom Penh erhaltenen Zettel, auf dem klar auf Englisch erklärt wird, um was es sich handelt. Aber die Frau nimmt nichts zur Kenntnis, hört nicht, liest nicht, begreift nicht, fordert:

– Where is your visa?
– You can't see it, it's invisible.
– Where is your visa?
– You can't see it, it's invisible.
– Where is your visa?
– You can't see it, it's invisible.

Nach dem dritten Mal mache ich einen Vorschlag: Wir gehen wie zwei zivilisierte Menschen miteinander um und hören einander zu. Oder wir machen es wie Kuh und Ochse und wiederholen bis zum Schalterschluss unseren autistischen Dialog. Da ich jetzt laut spreche, schauen andere zu. Gut so, sie hört auf, ihr bisschen Macht an mir auszuprobieren, und schreibt die Boarding Cards aus. Als ich sie in Händen halte, fällt mir mein Griechischlehrer ein. Das dürfte ihn freuen, denn er hielt mich für eine eher mäßige Begabung. Aber sein Hinweis, dass selbst die strahlenden Götter der Griechen vergeblich gegen die Dummheit kämpften, den Satz habe ich behalten.

Ich entferne mich von dem Schalter und sehe das Piktogramm eines Rollstuhls. Sekunden später überkommt mich eine Erleuchtung. Phantastisch, dass ich in diesem Augenblick ein Problem löse, das ich dreißig Jahre lang nicht gelöst habe.

Ich betrete das Behindertenklo, verriegle die Tür und Glückswellen überkommen mich: Privacy, Mauern von oben bis unten, ein Ort der Würde. Wie Millionen anderer Passagiere zuckt mein Körper beim Betreten der üblichen Ratten-Aborte auf den Flughäfen: dünne Holzplatten zwischen den Kabinen, unten offen, mit Blick auf

Schuhwerk und Waden des Nebenmanns, oben offen, so offen und niedrig, dass man den Kopf einziehen muss, um nicht beim Verrichten der privatesten Dinge im menschlichen Leben beobachtet zu werden. Von der plumpsigen Geräuschkulisse und den sie begleitenden Geruchsschwaden, die einem von links und rechts zugemutet werden (und die man anderen zumutet) nicht zu reden.

Pharaonen ließen schwachsinnige Architekten lebendig einmauern. Im vorliegenden Fall sollte man sie auf einer von ihnen konstruierten Kloschüssel festketten, mit zwangsgespreizten Nasenlöchern und einer ungehinderten Aussicht auf ihr Werk. Und sie erst loslassen, wenn sie dreimal deutlich «Es lebe die Würde des Menschen» rufen.

Von einer weiteren Aufregung könnte ich nicht berichten. Und keiner Nachricht für die nächsten 72 Stunden, die das Herz bewegte. Wir starten nachts, irgendwann rückt in der Dämmerung die größte Stadt Australiens nahe, und die Crew zeigt einen Film, der die besten dreitausend Shopping Centers vorstellt. Im zuvor verteilten *Sydney Herald* liegt eine Beilage zum Thema «Good Eating». (Morgen und übermorgen liegen «My Career» und «Money» bei.)

Als wir in Sydney landen, leuchtet eine grandiose Morgensonne auf Heerscharen frisch gewaschener Automobile. Kurz darauf stecken wir selber im Sechs-Uhr-Morgenstau und verbringen unser Leben mit so packenden Tätigkeiten wie warten, bis die Ampel auf Grün springt.

Eine halbe Stunde später kommen wir an Teddy Smith (nennen wir ihn so) vorbei, der mit dem Staubsauger das Trottoir vor seinem Haus säubert. Auf dass kein nächtliches Blatt vom nahen Park den Beton versaue. Auf der

Rückseite meines Bustickets steht, dass niemand Ersatz leistet, sollte es – an andere Desaster gar nicht zu denken – «feucht werden». Mir wird klar, dass Bürgersteige staubsaugen und solche Gebrauchsanweisungen schreiben Tätigkeiten von Zeitgenossen sind, die ihre größeren Sorgen bereits hinter sich haben.

Vor Jahren war ich schon einmal in Australien. Für eine Reportage über die ersten zweihundert Jahre weißer Kolonisierung, genauer, über die ersten Zuchthäusler, die aus Englands überfüllten Verliesen hierher deportiert wurden. Und ich erinnere mich an das Stammbaum-Fieber, das über den Kontinent hereingebrochen war, die hellste Freude, wenn die Familie einen Banditen als Urahnen entdeckte. Und die Enttäuschung, wenn nichts anderes als sechs Generationen Biedermänner zum Vorschein kamen. Es war, als kannten alle den Satz von Billy Wilder: «Tugend ist nicht fotogen.»

Aber nein, Sydney funkelt. Das Opernhaus, das, so ein Architekturkritiker, aussieht «wie französische Nonnen beim Fußballspielen». Die vielen Strände für der Welt zahlreichste Hautkrebskranke. Die großzügigen Parks, in denen schmuck gekleidete Verliebte und einsame Aborigines herumliegen. Selbst das händeringend als bedenklich gepriesene Ruchviertel *King's Cross* will nicht verrucht wirken. Verfügbare Damen ruhen an Häuserwänden, so mitgenommen schon (die Damen), dass ein fürsorglicher Bürgermeister sie längst in ein Altersheim verlegt hätte.

Immerhin treffe ich Toto, den Mann aus Kamerun. Ich frage ihn, wann er Australien wieder verlassen muss, und er sagt: «Nie.» Denn inzwischen habe er eine menschenliebende Lesbe kennen gelernt, die ihn geheiratet hat. Ohne einen Dollar dafür zu verlangen. Auch nach der

Hochzeit leben die beiden getrennt, und sie sind die besten Freunde. «Weißt du, die fand mich einfach sympathisch und wollte, dass so ein Mensch wie ich im Land bleibt.» Beneidenswerter Toto, welcher Mann möchte nicht solchen Frauen begegnen.

Ich treffe andere, solche, die in Reisebüros sitzen und nur nach Hinterlegung einer gehörigen Summe bereit sind, ein Ticket nach Südamerika auszuhändigen. Gehörig, denn die Strecke sei nicht «mainstream». Ins weiter entfernte Europa fliegen kostet nur die Hälfte, da alle dorthin wollen. Ich erwähne zuletzt Bogotá, vielleicht ist dieses Ziel günstiger. Da ich freundlich und fragend angeblickt werde, muss ich erklären, dass es sich um die Hauptstadt Kolumbiens handelt. Wie oft in Reisebüros weiß man nur von Orten, wo alle hinwollen. So gibt es die tatsächliche Erde und die andere, die Mainstream-Erde.

Der Agentur gegenüber wird gerade ein «World Tower» hochgezogen. Am Bauzaun kleben die Hochglanzbilder jener Welt, die sich die Bauherren für uns ausgedacht haben. Darunter die alles verratenden Textzeilen: «Stars and Harmony» und «A Shopper's Dream» und «Content and Harmonious» und «At Peace with the City under the Stars». Slogans für Junggreise, Einladungen an das dressierte Schafsvolk, das mit GAP-Tüten beladen und von unvorstellbarer Harmonie anästhesiert hinauf zu den Sternen gafft.

Ich kaufe die teuren Tickets, sozusagen als Passierschein, um mich zügigst von so viel bravem Leben zu verabschieden. Mit der Beute ziehe ich in ein Café. Der Teufel ist gut zu mir, und auf dem Nebentisch liegt eine Tageszeitung mit einem Bericht über einen Bösen, wieder ist es Timothy McVeigh. Mitten auf der Titelseite. Der

2270-Kilo-Bombenleger von Oklahoma sollte am 16. Mai mit dem Nervengift Pavulon hingerichtet werden. In Terre Haute, der Hinrichtungsstätte im amerikanischen Bundesstaat Indiana, stand alles bereit, die Giftnadel, zweitausend Medienleute aus fünf Kontinenten, das Volk. Sogar die Obdachlosen zogen ein, immer hungrig, immer in der Nähe der Satten. Leider schlampte das FBI, hielt der Verteidigung ein paar Informationen zurück, die Fete musste verschoben werden. Hier setzt der Bericht des «special envoy» ein.

Das ist hinreißend zu lesen. Denn Mark Riley hat ein Paradestück des postmodernen Journalismus abgeliefert. Kein Wort über die hundertachtundsechzig Bombenleichen, nicht eine Silbe zu den Verwandten und Freunden der Opfer, nein, Riley hat sein Herz für die Hoteliers entdeckt: Die Buchungen mussten wieder storniert werden. Entdeckt seine Sympathien für den Rest der «business community», die droht, die Regierung in Washington zu verklagen für alle «entgangenen Transaktionen». Und sein Mitgefühl für den Bürgermeister, der wiederum ans Volk denkt, denn dieses, so wörtlich, «taumelt unter dem mentalen Stress, sich auf etwas vorbereitet zu haben, das nicht stattfindet».

Jetzt – Mark Riley berichtet noch immer ohne jegliche Ironie – entstand ein Problem: «Wie die nun einen Monat später angesetzte Exekution im Terminkalender von Terre Haute unterbringen?» Denn für Mitte Juni hätte die Stadt bereits die Miss-Indiana-Wahl auf dem Programm. Wie hinrichten und die Schönste wählen? Wie für beide Festivitäten genügend Hamburger, Six-packs und Betten bereitstellen? Die Krönung: McVeigh lässt über seine Anwälte verlauten, dass er durchaus Verständnis empfinde für den Ärger, den die Verschiebung hervorgerufen habe. Wenn das kein Beweis für einen echten American boy ist! Noch am Ende bedrückt ihn die Sorge, der Vermehrung des Dollars im Wege zu stehen.

Das ist eine Lehrstunde über die Verwahrlosung in unseren Köpfen: der Schwerverletzte, der am 19. April 1995 den Bombenkrater als Krüppel verlässt. Die Mutter, die den Tod ihres Kindes betrauert. Der Motelbesitzer, der einen Sack Geld weniger verdient. Der geschmeidige Frauenleib, der sich zur Miss-Wahl stellt. Leben. Sterben. Töten. Alles ist gleichgültig, jedes Gefühl ist gleich tief oder gleich belanglos. So stelle ich mir die Welt in einem «World Tower» vor, so albern, so debil, so erbarmungslos harmonisch.

Sydney ist gnädig, ein Tag fällt aus, da ich zehn Stunden in einem Hotelzimmer sitzen und arbeiten darf. Max Frisch notierte: «Leben ist langweilig, ich mache Erfahrungen nur noch, wenn ich schreibe.» So weit bin ich noch nicht. Aber in Sydney am Leben sein ist langweilig. Jeder erfahrene Reisende weiß das: Es gibt Orte, an denen springt man nicht an. Kein Funke blitzt. Wie bei Männern und Frauen. So gut sie auch aussehen mögen, man steht davor und gähnt vor Überdruss. Zu blau, zu soft, zu fehlerlos.

Wegfliegen. Es sind tatsächlich so wenige Passagiere in der Maschine, dass wir alle zum Start auf die hinteren Plätze gebeten werden. Damit die Gleichgewichtsverhältnisse stimmen. Wegfliegen nach Südamerika, nach Peru, nach Lima. Auf der Route dorthin müssen wir noch durch drei Flughäfen und drei Shopping Centers. Und vorbei an drei Chanel-Mannequins, die als Papp-Tussis im Weg stehen. Ich schließe dreimal die Augen und denke an eine Frau, die es wunderbar wahr aufgeschrieben hat.

Selig summe ich die Zeilen von Tracy Chapman: «… Won't die lonely, have it all prearranged / Hire a grave so big and deep for me / And all my mountains of things.»

Sieben

Als der französische Schriftsteller Stendhal durch Florenz flanierte, fiel er irgendwann um. Ein Arzt eilte hinzu, und der Meister stammelte benommen: «Zu viel, zu viel Schönheit.» Die Ohnmacht ging in die Medizingeschichte ein: Wem beim Anblick schöner Dinge die Sinne schwinden, der leidet unter dem «Stendhal-Syndrom».

Hundertsechzig Jahre später fliegen wir über die südlichen Ausläufer der Anden. Sechs Uhr morgens, und zehntausend Meter tiefer liegt ein grandioser Erdteil. Hier hätte es den Schöngeist ein zweites Mal erwischt. Nur Berge, nur Himmel, nur atemlose Einsamkeit. Nichts, was die fehlerlose Geometrie stört. Jeder Blick findet ein Wunder, jeder Blick erinnert an die Freude, am Leben zu sein.

Einen langen Tag später liege ich im Bett, mitten in Lima. Der Pensionsbesitzer warnte mich vor den «ladrones», die Stadt wimmle vor Dieben. Das hat etwas Rührendes. Es gibt Länder, in denen die eine Hälfte der Bevölkerung den Besucher vor der anderen Hälfte, den Banditen, warnt. Peru ist so ein Land. Sagen die Peruaner.

Wer kann schon schlafen nach einunddreißig Stunden Fliegen und drei Flugzeugen. Aus dem Radio kommen leise Schnulzen. Wie gut sich die spanische Sprache eignet, um von der Sehnsucht und der Sehnsucht nach Nähe zu singen. Und wie bombastisch die Lieder daherkommen: «Küss meine Augen, küss alles, was du begehrst an mir.» Sind das die passenden Lieder für einen Mann allein im Bett? Ich begreife einmal mehr, wie einsam Reisen bisweilen macht. Und dass es diese spezifische Männereinsamkeit gibt, das begreift ein Mann in solchen Mitternachtsstunden auch. Jenes Alleinsein, das sich durch nichts anderes heilen lässt als die Nähe einer Frau, ihre Wärme, ihre viel versprechenden Worte.

Später kommen die Hunde, die Hundehorden Limas. Sie bellen, als umzingelten sie das Haus. Wer wäre jetzt nicht gern Geheimrat Goethe? Bei all dessen Besuchen in Frankfurt ließ der Bürgermeister die Kläffer im 500-Meter-Umkreis des Schlafzimmers entfernen. Auf dass ein Genie ungestört ruhe.

Am nächsten Morgen sitze ich auf der Veranda eines Frühstückslokals. Blick auf eine rabiate Stadt, irgendwo zwischen acht oder zehn Millionen Einwohnern, die allermeisten «están buscando la vida», auf der Suche nach dem Leben, dem Überleben. Die Vereinten Nationen haben die Innenstadt zum «Erbe der Menschheit» erklärt. Den riesigen Rest – das tosende Sammelsurium einer wuchernden Megalopolis – will niemand erben, will niemand schützen.

Der Kaffee und die Zeitungslektüre werden im Zehn-Sekunden-Rhythmus unterbrochen, fliegende Händler kommen herein und drängen. Unter den Angeboten fallen auf: eine dreiteilige Besengarnitur, ein Brusthaar-Entfernungsmittel, eine Dornenkrone mit batteriebetriebenen Lämpchen, eine Riesenpackung Klopapier, eine quiekende Gummischlange und – ausgesprochen nützlich – ein «Rückenkratzer»: ein dreißig Zentimeter langer Stiel mit einer hölzernen Hand am Ende. Für stausteife Autofahrer, zur Wiederbelebung des taub gewordenen Kreuzes. (So arm kann ein Land nicht sein, dass es zu einem Stau nicht reichte.)

Zuletzt eine blinde Alte, die umstandslos Geld fordert und die Hand ausstreckt. Die Münze in den Mund schiebt und einmal mit der Zunge umdreht. Um den Wert zu bestimmen. Und einen Nachschlag verlangt. Und beim Hinausgehen kichernd «gracias, gringito», danke, kleiner Gringo, sagt. Wieder einmal weiß ich, dass noch tausend Tricks lauern, auf die ich hereinfallen werde. Schon gerissen, wie die Alte die Blinde vorspielte.

In Lima werde ich aufholen, was ich in Sydney versäumt habe. Hier ist das Leben schutzloser, hier versteckt nicht jeder seine Wunden, hier haben sie weniger Angst vor Nähe. Ich wandere wieder, bin wieder der Typ, der jeden verdächtigt, im Besitz einer guten Story zu sein.

Und nach dreiundvierzig Nächten bin ich geheilt: Kein Stich, kein Stechen jagt mehr durch meinen Rücken. Der geheimnisvolle Körper hat es sich seit heute früh anders überlegt. Ein biegsamer Leib, das ist die Großzügigkeit der Götter.

In der Pressestelle des Rathauses kümmert sich Laura um mich. Bald hören wir auf, vom Präsidentschaftswahlkampf zwischen Alejandro Toledo und Alan García zu reden. Weil Lauras Herz brennt und die schöne Einundvierzigjährige den Fremden fragt, warum Männer «Jäger» sind und warum Frauen nicht jagen wollen, sondern sich hingeben. Der Mann jedoch immer nach der nächsten Beute, nach neuen Orten der Hingabe, sucht. Warum? Laura liebt Octavio, ihren Freund. Und Octavio liebt Laura. Aber das will ihm nicht reichen. Oft dreht er sich um nach fremden Schatten. Warum?

Mit wie viel eleganten Adjektiven sie von diesem Mann spricht. Wie gern ich er wäre. Dann gehörten mir diese Eigenschaften und diese Frau. Die nie verheiratet war. Ein klarer Entschluss, sagt sie, nach langer Überlegung. Ein Außenstehender kann den Mut einer peruanischen Frau nur ahnen, die nicht den Weg allen bürgerlichen Fleisches in diesem Land geht. Schön sein, klug sein, frei sein, geliebt werden, wenig will sie nicht.

Zurück auf die Straße. Jorge, der Schuhputzer, hat einen Zettel an seinen überdachten Arbeitsstuhl geklebt: «¡Necesito muchacha urgente!», brauche dringend ein Mädchen. Man will Jorge gratulieren zu seinem Mut, so umweglos seine dringendsten Bedürfnisse zur Sprache zu bringen. Doch Jorge klärt auf, der Hilferuf birgt keinen Hintergedanken. Seine Frau und er suchen eine Hilfe für den Haushalt. Was noch mehr überrascht. Seit wann stellen Schuhputzer Putzfrauen ein?

An Telefonpfosten kleben DIN-A4-Zettel, unbekannte Gesichter werden für einen Film über die heilige Sarita Colonia gesucht: «Siehst du aus wie sie? Bist du Mestize, jung und schlank? Wenn ja, dann lerne ein Gedicht auswendig und komme zum Casting.» Wie poetisch, ein Gedicht wissen müssen, um an eine Filmrolle ranzukommen.

Darunter hängen andere Zettel, auf einem wird nach einem Held gefahndet: «Siehst du gut aus? Ähnelst du Enrique Iglesias? (Er wimmert so tadellos wie sein Vater Julio.) Hast du die Visage eines Wüstlings? Ja? Dann komm und stell dich vor.»

Dreihundert Meter weiter, mitten auf dem Trottoir, direkt neben dem Justizpalast: Ein Mann stößt plötzlich dumpfe Laute aus, ein epileptischer Anfall schüttelt ihn, zwei Polizisten nähern sich. Und bleiben freundlich, auch dann, als der Alte anfängt, sich auszuziehen.

Was in den nächsten zwanzig Minuten geschieht, gibt den Blick frei auf eine stabile Liebesgeschichte. Die Frau des Mannes signalisiert, nicht einzugreifen. Sie kennt sich aus mit solchen Augenblicken, geht ruhig neben dem Kranken her, nimmt ein Kleidungsstück nach dem anderen entgegen, legt die Hose sauber auf Bügelfalte, ist einfach anwesend, anwesend wie einer, der nichts verlangt. Wartet, bis ihr Mann in der Unterhose dasteht, und reicht ihm dann ganz selbstverständlich das Hemd. Und Joan nimmt es ganz selbstverständlich entgegen und zieht es drüber. Dann die Hose, die Schuhe, die Jacke, bis wieder jedes Teil sitzt und die beiden – als wäre nichts geschehen – Arm in Arm weitergehen.

Zur *Casa de la inquisición*, Mahnmal zur Erinnerung an die Wohltaten christlicher Seefahrer auf diesem Erdteil. (The *New Yorker*: «Wie die Indios 1492 Kolumbus entdeckten und diese Entdeckung nicht überlebten».) Blick auf Daumenschrauben, Stahlruten und lang verglühte Brennstäbe, Blick auf kniehohe, vergitterte Erdlöcher, in denen jene den Rest des Lebens vegetierten, die nicht das Glück hatten, zügig verbrannt zu werden.

Was ergreift den Besucher gewaltiger? Die Bestialität der Inhaber des allein selig machenden Glaubens oder der unbesiegliche Trotz jener Männer und Frauen, die auf ihrer eigenen Vision der Welt bestanden? Vierzig Jahre knien und vierzig Jahre verrecken. Wie geht das?

Ich wandere zum *Santuario* der «heiligen» Rosa, der ersten «Heiligen» der Neuen Welt. Nicht ihr einziger Titel, der Papst hat dem Wunsch des «Ministeriums für Bergbau und Öl» entsprochen und Rosa offiziell zur Schutzheiligen der Bergleute erkoren. Die Arme, als hätte sie nicht genug Stress, amtshandelt sie doch schon als Schutzpatronin von Lima, von Peru, von Südamerika.

Bei dieser kleinen, dünnen Frau – 30.4.1586 bis 24.8.1617, Tod durch Tuberkulose – macht man die erstaunliche Erfahrung, dass Religion zur Menschenfreundlichkeit anspornen kann. Dass die närrische Einbildung, sich der Wahrheit gewiss zu sein, einen nicht daran hindern muss, mit Sorge und Wohlwollen auf andere zu reagieren.

Ein strenges Fräulein, immer streng mit sich selbst. Schon im Alter von vier Jahren beginnt sie zu beten und sich zu kasteien. So lange, bis ihr Jesus erscheint und sie auffordert, «seine Gattin zu werden». Man beachte, dass es sich hier, wie bei allen Eheschließungen christlicher Heiliger, um eine «Josephsehe» handelt, eben wie Joseph und Maria, «unbefleckt», fern aller erotischen Nähe.

Rosa war etwas Besonderes. Ihre Geduld, ihre Selbstentäußerung für die Armen und Ärmsten, die allein rechtfertigten ihren Weltruhm. Das Santuario ist nicht viel mehr als eine winzige Hütte aus Lehmziegeln, in der sie betete und fastete. Und wusste, dass spektakuläre Szenen die Faszination der Nachwelt garantieren. So warf Rosa in den nahen, neunzehn Meter tiefen Brunnen jenen Schlüssel, der die Fastenkette um ihren Leib verschloss. Auf dass sie nicht rückfällig würde. Auf dass weiterhin die vom Hunger gelieferten Halluzinationen einträfen, die sie zu ihrem göttlichen Gatten führten.

Heute werfen Besucher kleine Zettel voller Wünsche in den Schacht. Ich schreibe fünf Wörter auf, bitte Rosa, sie möge Sorge tragen, dass diese fünf Lieblingsbeschäftigungen auch in Zukunft mein Leben bestimmen: reisen und schreiben und lesen und Männern und Frauen begegnen.

Beim Hinausgehen spreche ich einen Mann an, der sich als Señor Gabriel vorstellt, Pensionär, der emsig Wettscheine ausfüllt. Er gesteht, dass er zweimal die Woche bei Rosa vorbeischaut und um Beistand bittet, damit er aufs richtige Pferd setzt. Ich erzähle ihm von meinen Forderungen an die Keusche, will von ihm wissen, ob sie nicht hochmütig klängen. Und Gabriel: «Mach dir keine Sorgen, Rosa hat ein großes Herz.»

An der Plaza Mayor treffe ich Pilar, kopfstarke Frau, die mit ihrer Gruppe «Resistencia Civil» Unterschriften sammelt, um von der japanischen Regierung die Auslieferung Alberto Fujimoris zu fordern. Jenes letzten Präsidenten des Landes, der wegen «moralischer Unfähigkeit» seines Postens enthoben wurde und nun im Fernen Osten umsichtig die Korruptionsmillionen anlegt. Man sieht neben dem Stand eine Karikatur Fujimoris mit Hakenkreuz-Binde und erhobener Rechten.

Aber Alberto, der Kriminelle, der Politiker wurde, ist nicht die einzige Katastrophe, die auf die 26 Millionen Peruaner niederging. Er setzte nur neue Maßstäbe der Gier. Sie begannen früher, viel früher. Pilar erklärt, warum das Land nicht abhebt. Grundübel: Eine uferlose Ignoranz geht um im Volk. Ein bleierner Fatalismus fesselt. Beides genährt von der Geschichte. Dazu die jahrhundertelange Verdummung durch die Religion. Dazu die zähe Erfahrung, dass das Leben nie besser wurde.

«Schau dich um», sagt Pilar, «schau auf die vielen, die sich augenblicklich auf dem Platz befinden. Und wie wenige, die näher kommen und fragen. Sie kämpfen nicht, sie kennen nicht die Erfahrung, dass Kämpfen irgendetwas durchsetzt.»

Ich erinnere mich an ein Interview mit Mario Vargas Llosa, Thema: der fundamentale Unterschied zwischen einem Schriftsteller und einem Politiker. Was seine Ausführungen so brisant machte, war der Umstand, dass Llosa 1990 gegen Fujimori als Kandidat um den Präsidentenposten angetreten war. Der bekannteste Romancier des Landes wies darauf hin, dass ein Politiker nicht viel Spielraum habe. Ein kapitaler Fehler, und ein ganzes Volk geht baden. Anders beim Schriftsteller. Der darf spinnen, phantasieren, sich schreibend aus der Wirklichkeit stehlen. Geht der Versuch daneben, geht nur einer baden, der Schreiber.

Fein analysiert. Fujimori verlor die Wirklichkeit aus den Augen, und dem Volk steht das Wasser bis zu den Haarspitzen. So lange, so geduldig schaute es zu, fühlte das Wasser steigen, wehrte sich nicht, ließ sich ersäufen, lief nicht Sturm gegen den eigenen Untergang.

Zusammenhänge werden klar. Keine halbe Stunde nach Pilar laufe ich in der Kirche Santo Domingo der winzigen Feliciana über den Weg. Sie tippelt geradewegs auf das Grab der heiligen Rosa zu. Um sich davor auf die Knie zu werfen und das Bild der standhaftesten Jungfrau der westlichen Hemisphäre zu küssen, es anzuhauchen, es einzuatmen. Und innig flüsternd ihre Sünden abzuladen und ihre Wünsche anzumelden: dass die Bronchitis kuriert werde und sie der Tochter einen Ehemann auftreibe.

Feliciana erklärt, dass die Wünsche eigentlich an Jesus gerichtet seien, den «salvador», den Retter. Aber direkt mit Jesus reden geht nicht. (Warum nicht? Das wisse sie nicht, es geht halt nicht.) Deshalb die Heiligen. Die «übersetzen» ihre einfache Sprache, sodass Jesus genau versteht, um was es sich handelt. Beim Abschied antwortet die Winzige leuchtend: «Ja, jetzt bin ich leicht, bin ich glücklich.»

Wie ich Pilar verstehe. Und wie schwer es mir fiele, Feliciana ihre Heiligen abzuräumen. Sie glaubt nicht an die Kraft der Vernunft, sie glaubt an andere Kräfte. Wie könnte sie leben ohne diesen lebensrettenden, so vieles verhindernden Hokuspokus?

Auf dem Weg zurück zum Hotel kaufe ich ein paar Zeitungen. Dabei fällt mein Blick auf den Titel der neuen *Cosmopolitan*: «Erotische Tricks, die bewusstlos machen». Ich schaue sofort nach und erfahre, dass eine Menge Frauen weltweit um einen Orgasmus ringt. Ich mag solche Nachrichten nicht, sie werfen ein ungutes Licht auf uns Männer. Ganz offenbar fehlt uns das Raffinement. Sonst rängen unsere Liebhaberinnen nicht so nachdrücklich um Erlösung. Ob *Cosmopolitan* endlich Abhilfe schafft? Oder schreibt wieder eine, die nie bewusstlos war? Und lesen es wieder nur die Nie-Bewusstlosen, die auch weiterhin nicht in Ohnmacht sinken?

Im Fernsehzimmer des Hotels laufen die Nachrichten. Eine junge Neuseeländerin sitzt da und hantiert mit ihrem Handy. Heute gekauft, verkündet sie erleichtert: «Endlich kann ich mit meinen Freunden zu Hause telefonieren.» Später will Anna «schreiben», will «reisend ihr Geld verdienen».

Schade, dass Ryszard Kapuściński nicht da ist, unser aller Reporter-Urvater aus Warschau. In seinem «Die Welt im Notizbuch», einem Buch mit persönlichen Aufzeichnungen, macht sich der heute Siebzigjährige wiederholt über die Daddy-Journalisten lustig. Die nach, sagen wir, Afrika reisen und jeden Abend die Redaktion und Vati und Mutti und Gattin und alle drei Kinder anrufen, um sich ja nicht mit dem jeweiligen Land zu konfrontieren. Damit sie an die Abwesenden denken und nicht an die Gegenwart, in der sie sich gerade befinden. Dabei wäre die Einsamkeit ein patenter Treibstoff, um näher an die Fremde heranzukommen. Deshalb – aus Scheu vor beiden, der Fremde und der Einsamkeit – brächten die Daddy-Journalisten so abgestandene Bilder zurück, die hurtig geknipsten und die hurtig geschriebenen.

Ich weiß nicht, ob man Schreiber sein muss, um sich von den Mahnungen des Altmeisters ertappt zu fühlen. Reisen als letzte Alternative. Reisen schafft diesen magischen Raum, der den Alltagsgrind nicht zulässt, Reisen ist Flucht, aber ja, aber ja, aber ja. Flucht vor den Atemnöten eines von Vorhersehbarkeiten erstickten Lebens. Wie seltsam nur, dass so viele Reisende immer mit einem Bein zu Hause bleiben. Im Augenblick sein, zu nichts anderem will uns Kapuściński überreden.

Im Fernsehen kommt die Debatte zwischen den beiden Präsidentschaftskandidaten, Alan García und Alejandro Toledo. García hat sich schon einmal als Staatsoberhaupt abgearbeitet, sich dabei den Ruf eines inkompetenten Wirtschaftspolitikers und begabten Schmiergeld-Presidente erworben. Toledo gilt als sauber, ist zudem der erste Indio, der Chancen auf das Amt hat. Während der Jahre in den USA, wo er als Ökonom arbeitete, muss ihn allerdings eine seltsame Krankheit infiziert haben: Seine Muttersprache Spanisch kam unter die Räder. Die hiesige Presse veröffentlicht sarkastisch die täglich eintreffenden Verirrungen, die falschen Verb-Endungen, die löchrige Grammatik, den unverzeihlich kümmerlichen Wortschatz des Kandidaten.

Ich gehe nochmals auf die Straße, suche ein Lokal zum Abendessen. Mit der Hühnersuppe kommt der Stromausfall. Nichts Bewegendes, das ist hier üblich. Heute allerdings gibt es eine Variante. Es ist noch nicht eine Sekunde dunkel, schon sprintet Fabio aus der Küche auf das weit offene Tor zu und kurbelt das Gitter herunter. Als Sicherheitsmaßnahme. Damit kein Gast im Schutze der Finsternis das Weite sucht? Als ich dem Koch erzähle, dass García gerade versprochen habe, die Stromversorgung zu verbessern, muss er lauthals lachen: «Du Witzbold, alle haben es versprochen.»

Wir plaudern, und mein Rückschluss auf mutmaßliche Zechpreller erweist sich als falsch. Das Gitter kommt runter, um zu verhindern, dass dunkle Subjekte das Restaurant betreten, nach den Habseligkeiten der Gäste greifen und im Eilschritt wieder abrauschen.

Ich wandere durch die Jirón de la Unión, die Hauptader im Zentrum. Sie ist laut, schrill beleuchtet und umtriebig. Auch die Bettler flanieren, meist zu zweit. Der eine der Kaputte, der andere der Gesunde, der «Seher». Am schnellsten sieht er Fremde. Ist der potenzielle Geldgeber einmal im Visier, wird der Miserable wie ein Opferstock auf ihn zugeschoben. Das schafft Nähe, das versperrt den Ausweg, die Ausrede.

Ein Mann mit uralten Händen verteilt kleine Zettel, links gehe es zum «Centro comercial del Sexo», eine komplette Runderneuerung – ist es schon so weit? – sei im Angebot, zudem wäre eine frische Ladung spanischer Fliegen aus Brasilien eingetroffen. Als würde das nicht reichen, kommt ein anderer Alter und steckt mir vertraulich die Adresse eines «especialista para agrandar el pene» zu, eines Fachmanns, der auf die Vergrößerung von Männergliedern spezialisiert ist.

Das passiert immer wieder auf Reisen. Irgendetwas an mir lässt meine Umgebung den Verdacht schöpfen, es bedürfe einer gewissen Korrektur naturgegebener Fakten. Diesmal frage ich den Alten, und Aaron schmunzelt, wie nur Männer schmunzeln, wenn sie einen solchen Satz loslassen: «Ich schwöre dir, fast alle wollen ein größeres Ding.» Das ist kindisch, das ist schwachsinnig, das ist ein Klischee, das ist unwiderruflich wahr. Männer verfolgen ein paar Überzeugungen, über die lassen sie nicht mit sich verhandeln.

Jaime kommt auf mich zu, über seinen Schultern hängen Hosen und Hemden. Seit fünfzehn Jahren verdient er als ambulanter Kleiderbügel sein Leben. Sechsmal die

Woche tritt er hier an. Gegen eine Hundertschaft anderer und gegen eine Batterie von «vigilantes», die mit Trillerpfeife und Schlagstock für «Ordnung» sorgen. Denn offiziell sind die fliegenden Händler verboten. Doch in der Wirklichkeit überfluten sie täglich die Fußgängerzone. Das Verbot hat nur einen tieferen Sinn: dem Nebenverdienst Vorschub zu leisten. Denn jeder Wachmann hat seine Kundschaft: die Händler in seinem Revier. Die müssen Pesos abdrücken, eine Art Platzgebühr.

Jaime erklärt das Ritual: Irgendwann pfeift es, der Wachhabende geht seinem Hauptberuf nach und vertreibt Jaime, Jorge, Pedro und die anderen. Alle rennen mit den Stoffen auf dem Buckel davon. Das sieht gut aus, und die Inhaber der anliegenden Geschäfte sind zufrieden: Der (von ihnen entlohnte) Wachmann wacht, die lästige Konkurrenz scheint verscheucht.

Eine halbe Stunde später kehren alle zurück. Ohne etwas zu verbergen. Jetzt geht der Wachmann seinem Nebenberuf nach: Die Rückkehrer müssen zahlen, um eine Zeit lang bleiben zu dürfen. Jaime sagt, sein Mann sei kein schlechter Kerl, die verlangte Kommission bescheiden.

Kein Wachmann ist ein schlechter Kerl. Was sie tun, müssen sie tun. Wer mit einem Hungerlohn entlohnt wird, hat Hunger. Ihr Grundgehalt reicht nicht für ein «anständiges» Leben. Sie handeln korrupt, weil das System korrupt ist. Müsste ich leben wie sie, ich wäre längst Schwerverbrecher geworden.

Nicht weit von Jaimes Arbeitsplatz befindet sich der *Palacio Aventura*, der Abenteuer-Palast. Hier trödeln sie vierundzwanzig Stunden am Tag vor einarmigen Banditen oder spielen Lotto. Hauptgewinn: ein Fernseher oder ein Videogerät. Das ergibt Sinn. So kommt keiner auf die

Idee, zu leben anzufangen. Vom Abenteuer-Palast zum Abenteuerfilm. Knöpfe drücken und anderen beim Leben zuschauen. Nie Hauptdarsteller, immer Komparse, Opfer, Glotzer sein.

Auf dem Nachhauseweg komme ich am Präsidentenpalast vorbei und an den vier Männern, die wie zementierte Ölgötzen davor Wache stehen. Bis einer blitzschnell die Hand ausstreckt und nach einer Zigarette fragt. Aus dem Ölgötzen wird ein Mensch, der lächelt und raucht. Die andern drei bleiben Ölgötzen. Gut, dass es immer den einen gibt, der sich auflehnt, der denkt, der fühlt.

Die Bettlektüre dient der Einstimmung auf Kolumbien. Diesmal ein Artikel über Auseinandersetzungen zwischen verfeindeten Banden. Mit biblischer Inbrunst gehorchen sie dem Gesetz der Rache. Massaker für Massaker, Blutbad für Blutbad. Sie lassen nicht eine Leiche unerledigt. Mindestens eine Gegenleiche muss her, um das Gefühl loszuwerden, die Bilanz wäre nicht ausgeglichen. Diesmal löste eine Autobombe das Problem, sieben Tote, 138 Verletzte, 44 zertrümmerte Geschäfte.

Einen Tag lang schreiben in Lima. In einem Raum mit Bett, Tischchen und schiefem Hocker. Die Behauptung Charles Bukowskis, am konzentriertesten ließe sich in einem Hotelzimmer denken, stimmt trotzdem. Nichts stört, nicht einmal die Sorge um einen Kaffee. Man klingelt, und ein guter Geist trägt ihn herein. Auch fallen Ablenkungen hier weg. Ein Telefon existiert nicht, und an der Rezeption habe ich ausrichten lassen, dass es mich nicht gibt. Vor Jahren las ich bei Raymond Chandler, wie er sich das Arbeiten vorstellte: «Der Berufsschriftsteller sollte einen bestimmten Zeitraum haben, sagen wir mindestens vier Stunden am Tag, wo er nichts anderes tut als schreiben, und wenn ihm nicht danach ist, dann sollte er es auch nicht versuchen. Er kann aus dem Fenster schauen oder einen Kopfstand machen oder sich auf dem Fußboden schlängeln, aber er sollte nichts vollkommen anderes tun, soll nicht lesen, Briefe schreiben, in Zeitschriften blättern oder Schecks ausfüllen. Entweder schreiben oder gar nichts. Das funktioniert. Zwei ganz einfache Regeln: 1. Man muss nicht schreiben. 2. Man kann nichts anderes tun. Der Rest kommt von selbst.»

Aufbruch. Mit dem Taxi zur Bushaltestelle. Kurz davor sehe ich auf einer schräg ansteigenden Wiese drei Gärtner Blumen pflanzen, direkt neben der achtspurigen Ausfallstraße. Sie ordnen die Tulpen so an, dass sie den riesigen Schriftzug HUSH PUPPIES ergeben, somit jeder Autofahrer im Vorbeirauschen den Hinweis auf die Schuhmarke lesen kann.

Die Neoliberalen, so ganz ohne Bewunderung kommt man an ihnen nicht vorbei. Keinen Quadratmeter Natur lassen sie ungeschoren. Wenn nur Dollar auf ihm wachsen. Dann investieren sie gar in Blumen und Schönheit.

Mit dem Bus noch einmal durch die Stadt. Die Tatsache, dass jeder Passagier vor dem Einsteigen einen Metalldetektor passieren musste und für jeden Sitz Sicherheitsgurte bereit lagen, lässt ahnen, dass es anstrengend wird. Wir sind mit dem Fünf-Sterne-Modell *Paraíso* unterwegs: «Musik, Fernsehen, Video, Klimaanlage und Spezialstoßdämpfer», so steht es geschrieben. In Kürze werden alle Geräte den Geist aufgeben, von fünf auf null Sterne. Das hat immense Vorteile. Der schwerwiegendste: Kein Kommunikationsmittel verhindert die Kommunikation zwischen den Reisenden. Energie entsteht, das andere Wort für Leben.

Lange Stadtfahrt, lange Staus, der letzte Eindruck Limas bleiben die zahlreichen Betriebe und Fabriken, die aussehen wie Gefängnisse. Über den Mauern die Stacheldrahtrollen, in den Wachtürmen bewaffnetes Personal mit kugelsicheren Westen. Die Furcht der Inhaber nimmt zu, draußen vor der Tür lauern die Heere der Habenichtse.

Nicht weit von meinen Hotel entfernt sah ich gestern eine Statue von César Vallejo. Er wird heute als der begabteste Dichter der peruanischen Literaturgeschichte gefeiert. Posthum, denn er ist längst tot, verhungert mit dreiundvierzig Jahren. Am Fuße des Standbilds stand: «So viel, meine Brüder, gibt es zu tun.» Das war vor siebzig Jahren.

Fahrt Richtung Norden, die Panamericana entlang, Richtung Ekuador. Vorbei an trostlosen Landschaften, dreckiger Sand, dreckige Wüste, die links und rechts hingefeuerten Abfälle. Kein Wunder, dass die NASA hier einst ihre Astronauten auf den Mond vorbereitete. Vorbei an schäbigen Friedhöfen, wo sogar Totsein zur Zumutung wird.

Kurz vor zwei Uhr nachts kommt der Bus zum Stehen. Auf der Straße liegen Äste, Reifen brennen, das Radio meldet, dass die Campesinos streiken, landesweit. Das sieht gut aus: die starken Gesichter der Bauern im Schein der Flammen, über den Schultern ihre Macheten und Äxte. Andere schlafen auf dem Asphalt, rhythmische Schnarchtöne ziehen in den sternenbedeckten Himmel. Leonardo führt mich ans Feuer, erklärt geduldig, was sie von der Regierung fordern: die Preise erhöhen, die sie heute für Reis und Baumwolle bekommen. Die Reisimporte aus Thailand stoppen. Die Zinsen für die Kredite senken.

Auf der anderen Seite richtet man sich ein. Inzwischen

sind Hunderte von Fahrzeugen stecken geblieben, auch Godofredo mit seinen viertausend Hühnern. Sofort packt er ein Säckchen Kokablätter aus und fängt zu kauen an: «Muss wach bleiben, Gauner könnten kommen und das Federvieh klauen.» Er hat eine Achtundvierzig-Stunden-Frist, danach sterben die viertausend, verdämmern in der Hitze.

Ein Teil der Passagiere verliert die Nerven und fängt an zu wandern. ¡Coraje! Denn bis zum nächsten Restaurant ist es nächtelang weit.

Mit Anbruch der Dämmerung wird der Ton böser, Passagiere und Fahrer gegen die Bauern, beide Seiten ziehen an den Ästen, Worte und Steine fliegen, der erregte Hinweis auf die Kinder, nein, die kranken Kinder, nein – bei jeder Runde wird mehr dramatisiert –, die schwer kranken Kinder, die sich in den Bussen befänden. Worauf die Bauern ihrerseits auf ihren siechenden Nachwuchs verweisen, siechend, da kein Geld vorhanden sei für die rettende Medizin. Nicht unwitzig: Während die anderen schreien und toben, steht Domingo am Straßenrand und hackt gelassen Bäume um, Nachschub für weitere Sperren.

Dennoch, kurz vor acht Uhr gelingt es, die Sperre zu durchbrechen, Lkws und Busse brausen los. Durch die Fenster sehe ich die verstörten Blicke der Bauern. Zehn Kilometer weiter stehen Polizisten mit Gasmasken vor einer nächsten Blockade, mit gezogenen Waffen garantieren sie die Durchfahrt.

Das ist der Zeitpunkt, zu dem unser Bus seinen letzten Stern verliert. «Luft, Luft», rufen die Passagiere, da jetzt die Klimaanlage ausfällt. (Vor Stunden riefen sie noch «música, música», aber die kam auch nicht mehr.) Später hören wir einen Knall, der Keilriemen verabschiedet sich.

Ihn auswechseln wäre eine Angelegenheit von fünf Minuten. Wäre das passende Ersatzteil dabei. Sieben Stück liegen in der Werkzeugkiste, nur der nicht, der passt. Inzwischen hat ein anderer Bus gehalten, nun greifen vier Männer ein, zuletzt erfolgreich.

«Paradies» heißt unser Fahrzeug, und wir alle sitzen in der «Königsklasse». Wie gut, dass der Mensch die Sprache erfunden hat. Sie half noch immer aus der Realität.

Weiter, vorbei an Flüssen, in denen einsame Betonpfeiler stehen, verschwunden jeder Wille, die Brücke fertig zu stellen. Irgendwo sitzt ein Mann neben der Straße und winkt. Ein Sack Zement und eine Leiter stehen neben ihm. Der Maurer wartet auf einen, der ihn mitnimmt und ihm Arbeit gibt.

Im staubigen Mallaritos müssen wir bleiben, die Campesinos waren cleverer und schneller, die hiesigen Barrikaden schafft nur noch ein Panzer. Ich bin nicht unfroh über den Zwangsaufenthalt, unsere Flucht hatte etwas Schäbiges. Die Sprecher der Bauern verhandeln bereits mit der Regierung in Lima. Bekommen sie Recht, dürfen wir weiter. Nur so geht es. Nur wenn das Land stillsteht – ist die Panamericana blockiert, steht es still –, nur dann hört die Gegenseite hin.

An Mallaritos muss man sich gewöhnen. Wir sitzen in der Bude von William. Ein Wirtshaus am Ende von Peru, die Grillen landen auf der Tastatur meines Laptops, und der Flirt mit Jene, der Cousine von William, gerät ins Stocken. Denn dem Mädchen fällt ein, dass es zur Kirche eilen muss, zur Besprechung kommender Festivitäten für eine der ortsansässigen Bräute des Herrn. Über kein funktionierendes Telefon verfügen sie hier, aber über zwölf verschiedene «vírgenes», zwölf heilige Jungfrauen, die sie verherrlichen. Der Satz Brechts, dass das Schicksal des Menschen der Mensch ist, der Satz kam hier noch nicht an.

Abends gehen Jene und ich die Dorfstraße entlang. Um diese Zeit, wenn das Blei des Tages auf wundersame Weise verschwunden ist, überkommt das Nest ein Schimmer von Romantik. Rosafarbene Seide bespannt den Himmel, ein dreibeiniger Hund hinkt treu neben uns her, aus zehn Lautsprechern tönt «Radio ritmo romantica», eine Frauenstimme schmachtet: «Mis labios extrañan tus besos del fuego», und meine Lippen vermissen das Feuer deiner Küsse. Säßen Jene und ich in einem Pariser Café, mindestens zwei Fotografen kämen an unseren Tisch und hinterließen ihre Visitenkarten mit der Bitte um Rückruf. Um die Schöne abzulichten. In Mallaritos wirft niemand einen Blick auf ihr Gesicht. Hier wird sie in Kürze Kinder austragen und lautlos von ihren Träumen Abschied nehmen. Vor Monaten ging sie noch in Trujillo ins Gymnasium. Jetzt geht sie nicht mehr, das Geld fehlt.

Als ich sie zurückbringe, kommen wir an der offenen Kirchentür vorbei. Dumpfes Geleier dringt heraus, augenblicklich beten sie für die Arbeitslosen. Auf dass der Herr ein Beschäftigungsprogramm über Mallaritos abwerfe. Draußen haben eine Million Grillen das Dorf besetzt. Als ich unseren Schlafplatz, den Bus, betrete, höre ich alle drei Geräusche auf einmal, das Schnarchen, das Beten und Zirpen. Das produziert einen ziemlichen Lärm und keiner scheint den andern zu stören. Nach Mitternacht wachen die Hühner auf und gackern. Mallaritos bei Nacht.

Um halb fünf kommt die beste Szene: Eine Lautsprecherstimme bellt plötzlich in die Nacht. Appell an alle, sofort und zahlreich aufzustehen, um die Streikposten zu verstärken. Und nach unglaublichen fünf Minuten sieht man die Campesinos aus ihren Häusern wetzen, sich noch im Laufschritt die armseligen Hemden überstreifen. Noch besser: Nach nochmals drei Minuten kurvt Enrique, der radelnde Eismann, hinterher und drückt penetrant auf seine Hupe, die Eismann-Hupe. Jede Revolution hat ihre komischen Seiten.

Zehn Stunden später dürfen wir weiter, die Bauern haben einen Großteil ihrer (bescheidenen) Forderungen durchgesetzt. Weiter nach Ekuador. Im Radio höre ich die Nachricht, die Kriminalität dort habe so zugenommen, dass das Land heute zu den unsichersten Gebieten Südamerikas zählt. Ist das wahr oder eine weitere Meldung, um den Reisenden auf Kolumbien vorzubereiten? Damit der Schock sich in Grenzen hält?

Wie dem auch sei, Ekuador tut gut. Es geht über Serpentinen, so gewaltig, als wäre die Welt hier noch nicht zu Ende geschmiedet. An leuchtenden Feldern und leuchtenden Kühen vorbei, unter einem Regenbogen hindurchfahren, spüren, wie Schönheit den Herzmuskel entspannt. An Männern und Frauen vorbei, die sich bewegen, unterwegs sind, anpacken, nicht trostlos an Wänden lungern und ihre Zeit totmachen. Ich merke plötzlich, wie es anstrengt, Armen beim Armsein zuzusehen. Weil mir bis jetzt keine intelligente Antwort auf die Frage eingefallen ist, warum ich davongekommen bin und sie nicht. Glück, nichts anderes.

Ich frage Angela, meine Sitznachbarin, warum sie in vielen Ländern Südamerikas nicht der Not und dem Dreck entkommen. Das Mädchen liefert einen überraschenden Standpunkt: «Die meisten Einwohner haben kein Gefühl mehr für die Nation. Die Identifikation fehlt, der Patriotismus. Jeder will weg, keiner hofft mehr auf Umkehr und Neubeginn.»

Nachts sehe ich Frauen auf den Bürgersteigen der Städte, Betreiberinnen einer ambulanten Kneipe. Sicher haben viele ein halbes Dutzend Kinder zu ernähren. Deshalb stellen sie jede Nacht den Ofen, die Tische, die Bänke auf. Und kommen jede Nacht wieder, um allen ein Essen zuzubereiten, die sich hier niedersetzen. Woher nehmen sie diese Kraft?

Da ich wenig schlafe, in fahrenden Vehikeln noch weniger, habe ich Zeit, Radio zu hören. Ich besitze einen handtellergroßen «Weltempfänger». Was für ein schönes Wort, was für ein Wunder: ein unscheinbares Gerät, um die Welt zu empfangen. Frühmorgens stoße ich auf einen Sprecher, der die Hörer kaltschnäuzig auffordert: «Sammeln Sie das Blut ein, das wir Ihnen schicken!» Wie sich herausstellt, handelt es sich um eine Art Polizeisender, «la crónica roja», die rote Chronik. Und es fließen Ströme von Blut. Nach jedem Bericht einer Metzelei, einer Familienmeuchelei, eines Eifersuchtsmords folgen Pistolenschüsse, peng peng peng, nächster Fall.

In einer musikalischen Pause folgt ein Lied, dessen Gedanken von erstaunlicher Unabhängigkeit künden. Der Sänger fordert seine Angebetete auf, hinaus in die Welt zu gehen und andere Männer, andere Küsse, andere Berührungen zu versuchen. Und bei dem zu bleiben, dessen Nähe und Liebe vielversprechender scheinen. Aber zurückzukehren, wenn es diesen einen nicht gibt. «La felicidad es la mujer», das Glück, das ist die Frau, singt er. Auch das klingt gut.

Letztes Bild aus Ekuador: Neben einer Polizeibaracke, in der unsere Papiere kontrolliert werden, steht ein Altar. In Form eines Häuschen, das *Jesús* gewidmet ist. Die Inschrift darüber: «Yo reinaré», ich werde herrschen. Und darunter, unterm Kindlein: POLICIA NACIONAL. Auch in diesem Land muss die Demokratie Angst haben. Hier steht es.

Acht

Sechsundfünfzig Stunden nach Abfahrt in Lima erreichen wir die Grenze zu Kolumbien. Um 19 Uhr 10, im Niemandsland zwischen den beiden Ländern, beginnt ein dreckiges Spiel. Wobei ich einmal mehr nicht fasse, wie naiv ich war und wie lange ich brauche, um der Wirklichkeit auf die Spur zu kommen.

Sonderbare Manöver finden im Bus statt. Huberto, einer der beiden Fahrer, fordert die Passagiere auf, Pass und fünfundzwanzig Dollar bereitzulegen. Die fünfzehn Peruaner reagieren, sie wissen, dass nur sie gemeint sind. Wir zwei Weiße, vier Kolumbianer und drei Venezolaner reagieren nicht.

Zehn Minuten später geht Huberto mit den Papieren und dem Geld auf das Zollgebäude zu. Vor der Tür zum Seiteneingang wartet im Dunkeln ein anderer Mann. Nennen wir ihn Pedro. Er spielt den Part des «corredor», des Läufers. Die beiden machen einen flüchtigen Versuch, sich vor meinen Blicken zu schützen. Nur flüchtig, weil ihr Tun strafbar ist und niemand sie dafür bestrafen wird. Aus den Ausweisen ziehen sie nun jeweils eine Fünf-Dollar-Note, das ist ihr Anteil. Anschließend läuft Pedro mit dem Rest des Geldes und den Ausweisen in ein Büro hinter der Tür.

Inzwischen stellen sich die fünfzehn ordnungsgemäß vor dem Schalter an. Das muss sein, der Scheinheiligkeit wegen. Ich postiere mich neben Angela und mache Druck, werde jäh von dem Gefühl gejagt, etwas zu versäumen.

Und Angela widerruft alle Lügengeschichten, die sie und die andern mir während der langen Reise erzählten:

dass sie einen Onkel in Bogotá besuchten oder eine Beerdigung in Medellín. (Das klang besonders einleuchtend, denn für ein Begräbnis ist diese Stadt immer gut.) Alles anders: Die fünfzehn Männer und Frauen wollen in die USA, illegal. Um dort zu arbeiten, wieder illegal.

Sie dürfen nicht einmal nach Kolumbien einreisen, ohne 1500 US-Dollar Barbesitz und ein Rückfahrtticket. Was sie nicht haben, beides nicht. Also gibt es offiziell keinen Einreisestempel. Die zwanzig Dollar sorgen dafür, dass sie ihn bekommen.

Angela erzählt die ganze Story. Erreichen die Peruaner die kolumbianische Hauptstadt, werden sie dort über Mittelsmänner Geld von ihren bereits heimlich in den Staaten lebenden Verwandten erhalten. Damit kaufen sie einen falschen Pass, ein Flugticket für ein mittelamerikanisches Land und einen «Coyote». Das ist einer, der die geheime Fährte über Mexiko in die Staaten weiß, die Schleichwege, die Verstecke, die zugänglichen Zöllner.

Warum lassen sie sich das Geld nicht direkt nach Lima schicken? Weil sie Angst haben, dass der Bus auf der langen Reise überfallen wird. Oder sie von Polizei und Militär gefilzt und erleichtert werden. Dritte Angst: dass sie schon die ersten zwanzig Dollar fehlerhaft investieren, da «falsche» Stempel kursieren. Huberto und Pedro gelten als anständige Korrupte, sie garantieren saubere Arbeit.

Bewunderungswürdige Angela, ohne fremde Sprache, ohne Beruf, ohne Weltkenntnis macht sie sich auf den Weg in ein anderes Leben.

Ich komme noch mit Miguel, einem Ex-Coyoten, ins Gespräch. Er redet auf mich ein, als wolle er beichten. Er saß zwei Jahre in mexikanischen Gefängnissen, es reicht, er traut sich nicht mehr. Das Risiko ist für alle enorm.

Eiserne Regel: Wer in Mexiko – die schwierigste Strecke, da Unzählige die Hand aufhalten – erwischt wird, darf kein einziges Dokument bei sich tragen, das seine Identität verrät. Alle müssen sagen: «Ich stamme aus Zentralamerika.» Werden sie abgeschoben, dann eben nach Guatemala und nicht zurück ins ferne Südamerika.

Weiterfahrt. Jetzt befinden wir uns im Land mit der weltweit höchsten Mordrate und der weltweit höchsten Bürgerkriegsrate. Alle dreihundert Meter leuchtet auf einem Schild «peligroso», Hinweis auf die spitzen Kurven, auch die sind gefährlich. Bisweilen steht ein Kreuz daneben. Erinnerung an jemanden, der im falschen Augenblick hier vorbeikam.

Immer wieder Stopps, nachtschwarz gekleidete Soldaten, manche mit Kapuzen, durchsuchen das Gepäck, betreten den Bus, machen Stichproben. Ich ertappe mich dabei, dass ihre Anwesenheit mich beruhigt, Busse werden hier bisweilen angegriffen.

Hugo, der zweite Fahrer, bittet mich nach vorne ins Führerhaus. Ich soll mit ihm reden. Damit er wach bleibt. Huberto schläft. Seit Lima lösen die beiden einander ab. Wir erzählen uns Witze, Männerwitze, das belebt, Lachen weckt Energien. Eine Frau im Radio singt: «El deseo de vivir», die Sehnsucht zu leben.

Um zehn Uhr morgens erreichen wir Cali, vor Jahren noch das führende Drogenkartell. Jetzt sitzen die Bosse, und die niedrigeren Chargen wirtschaften. Auch sie talentiert, auch sie schleusen effizient Tonnen von Kokain in die USA und nach Europa.

Es gibt noch eine zweite Wahrheit über diese Stadt. Sie klingt nicht weniger nach Rausch und Euphorie. In Cali fängt sie an und hört nicht auf bis zum Abflug aus diesem Land: diese betäubend gut aussehenden Kolumbianerinnen. Schon beim ersten Blick aus dem Busfenster auf eines jener nonchalant vorbeigehenden Wesen erinnere ich mich wieder der Doppelbedeutung des spanischen Worts *castigar*: *züchtigen*, aber auch *aufreizen*. Wie grausam wahr. Die Frau lockt und straft, beides zur gleichen Zeit. Weil sie Wunderbares herzeigt, das der Betrachter nicht bekommt. Als Gabriel García Márquez einmal gefragt wurde, warum er schreibe, soll er gesagt haben: «Damit die Frauen mich lieben.» Kein Wunder, dass einem Kolumbianer diese Antwort eingefallen ist.

Wir steigen um in Richtung Medellín, und Kolumbien hört nicht auf zu protzen. Jetzt beginnt eine Landschaft mit fetten Hügeln und fetten Wiesen, endlos bis hinter den Horizont. Mit Bäumen aus dem vorletzten Jahrhundert und Männern, die ihre Pferde an dicken Stämmen anbinden. Poster stehen am Straßenrand: «Keine Angst mehr! Stopp der Gewalt!»

Am späten Nachmittag beginnt es zu regnen, jetzt sieht man die nassen Pferde auf den Wiesen, Dunst liegt zwischen den Pässen. Von vielen Landschaften Südamerikas geht ein melancholisches Lebensgefühl aus, wohl am intensivsten hier in Kolumbien. Beim Anflug auf Medellín kam 1935 der Argentinier Carlos Cardel ums Leben. Er bemerkte einmal (und er muss es wissen, er hat das Wunder mit erfunden): «Der Tango ist ein trauriger Gedanke, den man tanzen kann.»

Abends, nach insgesamt fünf Tagen und vier Nächten Busfahrt, erreichen wir die zweitgrößte Stadt des Landes. Ich vermute, wir riechen. Auch hier schaffen «Pistoleros» an, paramilitärische Todesschwadrone und sieben Tage die Woche mordende Rebellen. Die Lokalnachrichten klingen so furchteinflößend, dass in der aktuellen Ausgabe der Zeitung ein Bericht über ein Viertel steht, in dem bisher nur zwei Hinrichtungen stattfanden. Der Artikel soll aufmuntern. Zwei Gemeuchelte, nicht mehr, solche Meldungen stimmen die Einwohner froh.

Auf dem Weg zum Hotel fährt uns Taxifahrer Freddy unaufgefordert an den Stundenhotels und den Damen vorbei, die stundenweise zu mieten sind. Fürsorglich erklärt er, man könne die Gegend nicht verfehlen. Sein Verhalten ist macho und erfrischend frei von Heuchelei.

Wir wohnen im Conquistadores, einfache Buden mit dem Fernseher in einem Metallbehälter versperrt. Damit er für immer da bleibt. (Später werde ich in einer Kneipe sitzen, in der die Stühle angekettet sind. Der Umgang mit dem Eigentum anderer scheint ebenfalls ein Problem in dieser Stadt.) Die Matratze meines Betts hat zwei Furchen, getrennt durch eine Art Kardanwelle in der Mitte. Für knapp fünf Dollar die Nacht ist das ein faires Angebot.

Der nächste Morgen beginnt mit einer Rasur. Der Friseur hat das Radio laufen, man erfährt, dass die folgende Sendung «keine Szenen von Gewalt und Sexualität» enthalte. Auffallend, wie häufig die beiden Begriffe in einem Atemzug genannt werden. Tritt Sex nur gewalttätig auf? Oder will der Hinweis sagen, dass man Sex wie der Gewalt aus dem Weg gehen soll?

Wie auch immer, die ganze halbe Woche über bin ich ein froher Mensch in dieser Stadt. Weil die Einwohner – jene, die leben und niemanden abschlachten wollen – eine jeden Fremden überwältigende Wärme und Hilfsbereitschaft beweisen. «Auf dass Sie ihn genießen, immer zu Diensten», sagt der Kellner, der den Kaffee serviert. So umsorgt, so oft bei der Hand genommen und abgeliefert, so oft gewarnt wurde ich schon lange nicht mehr.

Es gibt fadere Orte. Schon ein Gang am helllichten Tag durch das Zentrum bestätigt das. In der Basilika sind alle Beichtstühle besetzt, Sünder flüstern hitzig ihre Laster in die Ohren überlasteter Pfarrer. Ein Dicker atmet laut beim Aufsagen der Sünden, neben seinem linken Knie hat er den Bauchladen abgestellt. Ist er alle Schuld los, schnallt er den Laden wieder um und verkauft Kaugummis und Luftballons.

Zehn Meter von den Sündern entfernt steht die Börse, und dahinter streunen die Huren. Dazwischen die Schreie der fliegenden Händler, die Sänger, die Lotterieverkäufer, die Schuhputzer, die Bierleichen, die Wachmänner mit ihren lässig baumelnden Schrotflinten, die Geschäftsbesitzer, die Pesos-Scheine gegen das Licht halten und der Kundschaft zurückgeben, weil falsch, weil irgendwo in einem Hinterhof gebastelt. Und die zänkischen Weiber an einem Sonntagvormittag, die erst voneinander lassen, als drei Polizeihunde sie anspringen.

Jeder muss leben. In einer Seitenstraße hat Andrés seine Poster ausgelegt. Auch hier wieder die allerheiligsten Jungfrauen mit leuchtendem Herzen: virgen María, virgen Rosa, virgen Theresa. Daneben die Göttinnen – keine Jungfrauen – der westlichen Welt. Ohne Herz, dafür mit sündigstem Dekolleté: Pamela Anderson, Destiny's Child, Mariah Carey. Dazwischen die Männerhelden: Jesus, Che Guevara, Simón Bolívar: Jeder darf hier ausliegen, wenn er nur eines von drei Dingen verspricht: ewiges Leben oder irdische Versuchung oder eine fairere Welt.

Vicente wird warten müssen, auf alles. Er bietet neben Andrés eine Plastikdecke voller Wecker an. Wobei vier Wecker – ich komme mehrmals vorbei – ununterbrochen Alarm schlagen, um die Kundschaft anzulocken. Sieht so die Hölle aus? Viele tausend Tage neben vier Weckern sitzen, die nie aufhören zu wecken?

Romantisch die Bodegas, in denen am Sonntagnachmittag Männer und Frauen herumsitzen und sich zum Tanzen auffordern. Gespielt werden wunderbar ölige Schnulzen. In den Pausen gehen Schuhputzer durch die Reihen und polieren auf Hochglanz. Blitzende Schuhe gehören zur Verführung.

Nachts streunen im Umkreis meines Hotels: Jareo, der Achtundvierzigjährige mit der Haut eines Siebzigjährigen, der nach verwertbaren Blechresten sucht. Antolín, der Halbwüchsige, der um die Hälfte meiner Pommes frites bettelt. Die Obdachlosen, die um Eisenkessel mit loderndem Feuer stehen. Die Hunde, die den Schlaf ihrer Besitzer bewachen. Eine Hand voll (von so vielen) «desplazados» – jene von Rebellen und anderen Killern aus ihrer Heimat Vertriebenen – sitzt zusammen und redet. Und vom Ende der Straße plärrt es aus einer Kaschemme, deren Musikbox offenbar reparaturbedürftig ist, immer wieder: «Mi corazón, mi corazón, mi corazón», mein Herz, mein Herz, mein Herz.

Mit Taxifahrer Victor zum Grab von Pablo Emilio Escobar. Einst Kokain-König der Welt, gut gelaunter Mörder, ordentlich gewähltes Mitglied des Parlaments, Staatsfeind Nummer eins. Bis zu jenem Abend im Dezember 1993, an dem ihn Mitglieder einer 1500 Mann starken Elitetruppe nach 499 Tagen und Nächten Jagd niederstreckten.

Der Besuch erheitert. Pablo ist auf dem Friedhof «Montesacro», dem heiligen Berg, begraben. Gepflegte Anlage, Bäume, Rasen, ruhiger, feiner Fleck zum Totsein. Frische Blumen liegen auf dem Marmorblock von Santo

Pablo, der gemeißelte Spruch ist unsäglich komisch: «Solange es den Himmel gibt, gibt es deine Monumente. Und dein Name wird überleben wie das Firmament.»

Umso komischer, als mich Victor nun an den Ruinen der einmal so florierenden *Escobar Incorporation* vorbeifährt. An Hotels, Privathäusern, Supermärkten, Shopping Centers, seit Jahren leer, leer geplündert, in manchen landete eine Bombe. Der Ruß noch sichtbar, vieles ist vernagelt, verwaist, vergessen.

Der Taxifahrer erzählt von «el Catedral», dem Spezialgefängnis, das eigens für Escobar gebaut wurde. Nachdem sich der Multimillionär freigekauft hatte, wurde das Hochsicherheits-Prachtschloss von der Bevölkerung geplündert. Bis keine Türklinke übrig blieb.

Ich frage Victor, ob er glücklich sei: «Ja, das Leben macht mich glücklich.» Denn hier in Medellín gäbe es «calor humano», menschliche Wärme.

Und ein Verlangen nach Dichtung. In einem Buchladen lerne ich Alina kennen. Die Studentin der Literaturwissenschaften überreicht mir eine Broschüre, die das «elfte internationale Poesiefestival» ankündigt, mit hundertdreizehn Dichtern aus dreiundsiebzig Ländern, darunter Meister wie Nobelpreisträger Wole Soyinka.

Abends gehen wir aus. Und die Großstadt funktioniert wie jede andere. Alina und ich sitzen auf der Terrasse eines Restaurants, romantische Musik seufzt, am Nebentisch wird bereits geschmust. Aber jetzt kommt etwas, was anders ist. Anastasio, der «freelance poeta», so stellt er sich vor, tritt auf. Sicher der hundertvierzehnte Dichter. Und er will Geld fürs Dichten. Da ich ohne Gegenleistung nie was herausrücke, schlage ich ihm vor, in seinem Kopf nach einem Gedicht zu suchen, das vom Lebensgefühl der Einwohner Medellíns erzählt.

Tatsächlich, nach einer halben Stunde kommt der Alte zurück und liefert. Kein Gedicht, nur eine Zeile. Die klingt pathetisch und stimmt genau: «Amaneció y viviré otra vez», die Sonne ging auf und wieder werde ich leben.

Am nächsten Morgen mit dem Taxi auf tadelloser Straße zum Flughafen. Den Highway hat der Ochoa-Clan gespendet, einst angesehenes Kartellmitglied, heute noch immer Drogen-Großist. Eben ohne Kartell. Nicht, dass die Ochoa-Brüder am Aufbau des Landes interessiert gewesen wären, nein, sie besaßen in den neunziger Jahren ausgedehnte Latifundien um Medellín. Der Bau der Asphaltstrecke steigerte gewaltig den Wert dieser Ländereien. Wir kommen an einer Tankstelle vorbei. Der Taxifahrer zeigt auf den Parkplatz, neben dem Andrés Escobar, der berühmteste Fußballspieler des Landes (nicht verwandt mit Pablo E.), erschossen wurde. Wegen einer Lappalie. Nicht jeder wird alt in diesem Land.

Beim Einchecken spreche ich eine Frau an. Wir stehen nebeneinander, weil unser Gepäck gleichzeitig und ausführlich durchsucht wird. Natürlich gefällt mir Luzmaria. Aber es gibt noch einen anderen Grund, sie anzulächeln. Vor Tagen las ich in einer Statistik, was wir alle schon wissen: Frauen morden weniger, erdrosseln weniger, sind begabter für Nähe und Hingabe. Möglicherweise sind an meinem Verlangen nach Nähe die vielen Leichen schuld, von denen ich die letzten Tage über gehört habe. Möglicherweise verstärkt der Besuch eines Friedhofs die Sehnsucht nach Leben und Sinnlichkeit.

Wir haben beide Glück (so sagt sie später) und müssen ins selbe Flugzeug. Zwei Drittel der Plätze bleiben frei. So wird keiner die Nähe unterbrechen. Luzmaria gehört zu denjenigen Frauen, die begriffen haben, dass sie nur über ein einziges Leben verfügen. So verschwenden wir keine Zeit mit den Bedenken derer, die das nicht wissen. Die immer warten auf den einen oder die eine, die es nicht gibt.

Neun

Flug nach Zentralamerika. Es geht nicht anders. Zehntausend Meter unter uns liegt das Grenzgebiet zwischen Kolumbien und Panama, der schmale, seit einigen Jahren von Drogenbaronen und Waffenhändlern dichtest besiedelte Landstrich des Kontinents. Wer hier durchziehen will, sollte seine Privatarmee mitbringen.

Zwischenstopp in Panama City. Abschied von Luzmaria, sie besucht hier Freunde. Nicht eine falsche Bewegung unterlief uns, wir waren zart und zudringlich und jeder beim andern willkommen.

In San José, Hauptstadt von Costa Rica, steigen wir aus. Flächenmäßig nimmt das Land den hundertsechsundzwanzigsten Platz auf der Weltrangliste ein. Der Abenteuerquotient liegt direkt daneben. Was erzählen von einem Staat, der vor nicht langer Zeit von einem Präsidenten regiert wurde, der den Friedensnobelpreis erhielt? Hübsches Ferienziel für ballondicke Familien aus den USA. Strand, Sonne, Sonnenuntergänge, nichts fehlt, um sich wochenlang stumpfsinnig glücklich am Strand zu wälzen.

Allein stehende Daddys streifen durch das Costa Rica Hotel, wo ortsansässige Damen sich ihrer annehmen. Im hauseigenen Casino warten die «Goldfinger» – sie fahnden nach goldenen Fingern – und kümmern sich um dollarfette Gringos. Ich schaue gern zu, wenn ein Mann die Frau findet, die er verdient. Und begreife wieder einmal, dass Geld haben eine tolle Sache ist. Aber zu viel Geld nicht vor grausiger Langeweile schützt.

Keine vierundzwanzig Stunden später mit dem Bus davon ins nächste Land. Der bemerkenswerte Fahrer Rául, der mit dem Mikrofon in der Hand darauf verweist, dass die installierte Toilette nur fürs Pipimachen gedacht sei. Drängten größere Geschäfte, solle man sich vertrauensvoll an ihn wenden. Mit Volldampf würde er das nächste Restaurant ansteuern.

Rüber nach Nicaragua. Das muss einer mitmachen, um zu begreifen, warum sie hier nicht vom Fleck kommen: bei verschiedenen Stellen Stempelmarken besorgen, in zähen Warteschlangen schwitzen, Uniformierte beobachten, wie sie Papierlawinen lostreten.

Durch ein armes, hübsches Land fahren. Hier lehnen sie nicht an Mauern, hier wippen sie in Schaukelstühlen und halten es aus, ihr Leben zu versäumen. Mir wird plötzlich klar, wie vieles ich auf dieser Reise nicht verstanden habe. Die einen nicht, die dasitzen und dösen. Die anderen nicht, die Fremden im Bus, die ohne Staunen an der Welt vorbeifahren, lieber schlafen, lieber Kreuzworträtsel lösen.

Managua ist ein trübes Kaff. Noch trüber jetzt in der sechsmonatigen Regenzeit. Straßen voller Abwässer ausweichen, unter ein Dach sprinten, in trockeneren Stunden am *Parque Central* vorbeikommen. Ein Park, verkommen und verlassen, der daran erinnert, dass hier einmal das Zentrum der Stadt lag. Bis vor dreißig Jahren ein Erdbeben losbrach und die eintreffenden Hilfsgelder in den Privatschatullen des Somoza-Regimes verschwanden. Selbst die Kathedrale blieb Ruine. Vor nicht langer Zeit wurde sie eingezäunt: Die «prostitutas» verzogen sich mit der Kundschaft zum hurtigen Liebesdienst hinter den lädierten Altar. Man mag die Absperrung bereuen, denn – so wird berichtet – statt gliederlähmender Langeweile zogen kurzzeitig Aufwallung und innige Teilnahme ein.

«Tengo hambre», ich habe Hunger, sagt Miguel. Kein Satz passt besser hierher. Der Dreizehnjährige sitzt neben einer der zerbrochenen Bänke des Parks und snifft aus dem mitgebrachten Marmeladenglas voller Klebstoff für Schuhsohlen. Der verschafft einen wohligen Dusel und betäubt den Hunger. Vorübergehend.

Der Schlafplatz des Jungen liegt strategisch günstig. Er und die anderen Hungerleider haben die Sicht frei. Hundert Meter weiter links steht das strahlend neue «Präsidentenhaus», hundert Meter rechts das blendend neue Außenministerium. Beide großspurig genug, um das Commonwealth zu verwalten. Aber hier wird kein Weltreich regiert, sondern ein Volk von fünf Millionen kujoniert, das pro Einwohner täglich einen Dollar und zwei Cent verdient. Schon überraschend, wie sich die Kujonierer trauen, mitten im Elend Paläste aufzustellen, mit hohen Mauern und leuchtenden Gärten.

Mitfinanziert wurden diese Gebäude vom «gobierno amigo», von der Amigo-Regierung «de la República China». Taiwan spendiert die dólares und Nicaragua opfert seine politische Freiheit. Bei allen zukünftigen Abstimmungen einer UN-Hauptversammlung wird die Bananenrepublik – wenn gefordert – für den Amigo stimmen, sprich: gegen Peking.

In fünf Monaten finden die Wahlen statt. Amtierender Präsident Arnoldo Alemán und sein Herausforderer Daniel Ortega – einmal Held der sandinistischen Revolution, heute Notnagel – haben sich auf einen Deal geeinigt: Wer immer gewinnt, verschont den anderen mit Klagen. Von wegen Korruption, Machtmissbrauch, Verletzung der Menschenrechte.

In der amerikanischen Verfassung stehen die zwei intelligenten Wörter «checks and balances»: Eine Opposition muss sein, um die Macht zu checken. Und eine ungefähre Balance soll sich einstellen zwischen denen, die regieren, und denen, die sie kritisieren. Nicaragua hat beides nicht. The winner takes it all. Alemán scheint dem Volk sogar die Nahrungsmittel wegzufressen. «El gordo», den Fetten, nennen sie ihn. Bei knapp 165 Zentimeter Körpergröße bringt er es auf bald 150 Kilo Lebendgewicht.

Als ich den Park verlasse, ruft mir ein fliegender Händler hinterher. Es ist früher Nachmittag und er bittet mich, ein Eis zu kaufen. Es wäre sein erstes heute.

«Für den Neuen Menschen», so der tägliche Slogan auf dem Titelblatt einer führenden Zeitung. Sprache als Hure, die für jeden die Beine breit macht.

Nicaragua wimmelt von armen Teufeln, die in den Himmel wollen. Denn hienieden sieht es schlecht aus. So ziehen Bauernfänger übers Land und schwadronieren und ernten. Plakate von Zeugen Jehovas und Baptisten kleben an den Mauern. Großkundgebungen und eine «cruzada de milagros», ein Kreuzzug der Wunder, werden angekündigt. Ich falle in die Hände von zwei verpickelten Mormonen. Aber sie ernten nicht. Ich renne davon, es gibt wenig, das mehr anwidert als die Leidenschaft in den Augen religiöser Dunkelbirnen.

Ich komme an der Universität vorbei. Studenten und Polizei gehen aufeinander los. Hintergrund: Der staatlich festgelegte Preis für eine Stadtbusfahrt sind zwei Córdobas. Jetzt verlangen die Unternehmer drei. Die Jungen protestieren, fordern die Regierung auf, etwas zu unternehmen, damit es bei dem vereinbarten Betrag bleibt.

Wie kleinlaut ein Fremder wird, wenn er weiß, dass es sich umgerechnet um acht Cent pro Ticket handelt. Also sechzehn Cent pro Tag. Für keine fünf Euro im Monat müssen sie hier gegen den Staat antreten.

Seltsames Land. Nicht weit vom Campus entfernt benutzen sie kein Tränengas, um das Volk ruhig zu stellen. Hier, vor einem hell erleuchteten Supermarkt, spielt eine Band auf, um zwei neue Biersorten anzupreisen: «Victoria», der Sieg, und «Amnésia», aber ja: Gedächtnisschwund. Vor keinem Trick schreckt die Werbung zurück, nicht vor der Lüge, nicht vor der Wahrheit.

Als ich abends zu meinem Quartier zurückkehre, treffe ich auf finsteren Straßen die Halbwüchsigen, vor denen mich jeder warnte. Aber sie holen nicht aus, im Gegenteil: Sie bieten an, was sie im Angebot haben: «Marihuana und Kokain, dazu ein Mädchen.» Ein Wink (und das entsprechende Bargeld) genügt, und sie liefern frei Haus.

Mein Haus ist Anas Bruchbude, das Casa Azul, hübscher Name für fünf Kammern mit zehn abschüssigen Betten und einem Leck in der Decke. Ana, die Hausmeisterin, sitzt mit ihren drei Kindern – wie so viele andere Anas auf diesem Erdteil – vor der «caja idiota», der Idiotenkiste, dem Fernseher. Und Ana – wieder wie so viele Anas – erzählt die Geschichte von ihrem Mann, der längst davon ist und längst keinen Córdoba mehr dalässt.

Ana redet, und auf Kanal 17 trällert Ricky Martin «la vida loca». Das ist hinreißend grotesk, weil hier weit und breit kein «verrücktes Leben» stattfindet, nur eine verlassene Fünfunddreißigjährige von ihrem aussichtslosen Dasein berichtet.

Wie mich diese Frauen bewegen. Auf der einen Seite diese Stärke, diese unbedingte Bereitschaft, für ihre Kinder zu kämpfen. Auf der anderen dieser abgründige

Idiotismus, mit dem sie sich vom Nächstbesten ruinieren lassen.

Auf nach Honduras. Vor dem Eingang zum Busunternehmen steht ein Mann mit schussbereiter Schrotflinte. Man glaubt nicht, wie das Ansteigen der Kriminalität für Arbeitsplätze sorgt.

Das Land, durch das wir nur ein paar Stunden fahren, wird mir in angenehmer Erinnerung bleiben. Denn Schlag neun Uhr kommt es zu einem erfreulichen, ja unglaublichen Zwischenfall. Beifahrer Felipe schaltet das Videogerät ein, und zum Erstaunen aller rücken nach wenigen Minuten nackte, eindeutig erregte Geschlechtsteile ins Bild. Kein Zweifel, wir sind Augenzeugen eines Pornofilms. Was für ein wagemutiges Unternehmen, mitten in einem erzkatholischen Land. Aber nein, keine Viertelstunde später legt der Mechaniker – hilflos grinsend – den «richtigen» Film ein. Jetzt beginnt eine Lehrstunde mit zwei Informationen, die eine harmlos, die andere bedenkenswert: Wir wissen a), was Felipe und Kollegen in ihren Mußestunden erfreut, und b) die wichtigere Information: Beim richtigen, dem vorzeigbaren Film treten in Windeseile statt entblößter Leiber ein silberheller Revolver und ein blitzendes Stilett auf. Damit tötet – wieder umgehend und in fotogener Nahaufnahme – eine Frau einen Mann. Und lacht dabei. Ein kleiner bestialischer Mord, nie und nimmer obszön, Mörder und Opfer sind vollständig bekleidet, uff, der absolut richtige Film. Ohne Ton übrigens, die Lautsprecher funktionieren nicht, ein mörderischer Stummfilm sozusagen. Warum nicht, die Dialoge würden nur stören beim Hauen und Stechen.

Noch vor Mittag erreichen wir El Salvador. Wir bleiben die Nacht über in San Miguel. In einer Straßentaverne, gegenüber dem Waffengeschäft «Der Scharfschütze», setzt sich Hermenia an meinen Tisch. Hermenia sucht Anschluss, Ganzkörperanschluss, um sich ein Abendessen zu verdienen. Sie hat, wie die Franzosen es diskret nennen, schon ein «gewisses Alter» erreicht. Ich schlage Hermenia eine Einladung zu Huhn und Pommes frites vor unter der Bedingung, dass sie mir aus ihrem Leben erzählt.

Das wird ein langer Abend, denn viele Männer – die unzärtlichen in der Überzahl – kommen vor. Der unvergesslichste war Fernando. An seinen Namen, sagt die Gastarbeiterin aus Guatemala, wolle sie sich für immer erinnern. Denn in den fünf, sechs Minuten, in denen sich der Grobian über sie hermachte, beschloss sie, von nun an ein Handtuch über ihren Oberkörper zu legen. Um alles zu verstecken, auch den Kopf. Sodass nichts sichtbar blieb als ihr Geschlecht. Gut, auch die Beine, aber die zählen nicht, denn die können keine Scham empfinden: «Weißt du, solange niemand mein Gesicht sieht, kann ich es aushalten. Unten lass ich jeden ran, aber an meinen Mund, an meine Augen keinen mehr.»

Am nächsten Morgen fahren Uli Reinhardt und ich in ein Dorf, in dem ich vor zwölf Jahren – während des Bürgerkriegs – ein paar Wochen gelebt habe. Bischof Rivera y Damas prägte damals den grimmigen Satz: «Die Amerikaner liefern die Waffen, wir liefern die Toten.» Tot blieben mehrheitlich die liegen, die gegen ein von Washington entlohntes Marionetten-Regime kämpften. Ich will wissen, was sich nach einem Jahrzehnt Frieden geändert hat.

Nicht wenig. Zwei Banken gibt es jetzt in Anamorós, ein Dutzend Telefonleitungen funktioniert, das niedergebrannte Rathaus steht wieder, der Bürgermeister muss nicht mehr in den Wald flüchten, keinem Richter wird mehr mit einer Garrotte der Halswirbel gebrochen, vor ein paar Wochen wurde das letzte Stück der Zufahrtsstraße asphaltiert.

Ansonsten Stillstand, ergeben und lautlos – wenn nicht gerade laut und blau – nehmen sie hin, was ihnen zugemutet wird. Noch immer gibt es den vergitterten Alkoholausschank *Aguardiente envasado*, noch immer die lechzenden Trunkenbolde davor. Ich bin noch zehn Meter entfernt, und schon walkt Mauricio meine Schuldgefühle mit dem Hinweis auf seine kürzlich verstorbene Gattin. Die er nur vergessen könne, wenn ich eine Flasche springen ließe.

Der Monatsplan für den Fünf-Uhr-Rosenkranz (fünf Uhr früh) hängt am Kirchtor. Schon bimmeln die Glocken, morgen ist Pfingsten, aber bereits heute knien sie nieder und beten. Ich setze mich dazu. Irgendwann fängt einer vorne zu predigen an, und die wenigsten lauschen. Mütter wickeln Bonbons für ihre Kinder aus, Mädchen stecken die Köpfe zusammen, andere zupfen an ihren Fingernägeln, viele Männer haben die Augen geschlossen, mancher kippt nach vorne, wacht erst im letzten Augenblick wieder auf.

Das alles ist kein Ausdruck von Widerstand, irgendwie sind sie gern hier. Wenn auch oft abwesend im Kopf, so nehmen sie doch die entscheidenden Worte und Sätze wahr: «Die Jungfrau rettet uns aus aller Not», oder «Der Himmel ist weit offen», oder «Der Herr kennt all dein Hoffen», Sätze eben, die reichen, um den kommenden Tag zu überstehen.

Im Pfarrhof warten die Bewohner in einer vierzig Meter langen Schlange, um dem Pfaffen ihre Sünden ins Ohr zu flüstern. Schweres Leben: Einmal die Woche haben sie frei, und da müssen sie als Sünder antreten. Herr im Himmel, welche Laster kann der Mensch in diesem Kaff begehen? Ich spiele auch Beichtvater und höre mehrmals von der Ursünde in Anamorós: Fleischeslust, die Lust auf das Fleisch der Nachbarin.

Als ich Hochwürden in einer Pause (so viele Todsünden mitbekommen strengt an) dieselbe Frage stelle wie vor langer Zeit – «Wie steht's mit der Familienplanung?» –, weiß er die immer selbe Antwort: «Zum Teufel damit.» Manchmal hat Dummheit keinen Namen.

Auf dem viereckigen Platz vor Kirche und Pfarrei steht ein Dutzend kleiner Buden, winzige Restaurants, Läden, Eisdielen. Chepe – er hat offensichtlich den Posten des Dorfdeppen übernommen – taumelt lallend zwischen den Tischen. Man verscheucht ihn, eher jovial, eher nachsichtig. Bis eine Standbesitzerin mit einem Stock und dem hübschen Satz «Ich möchte dich nicht schlagen, aber ich tu's trotzdem» auf Chepes Hintern zielt. Mehrmals. Und Chepe sich grunzend und leiser werdend unter einem Tisch verzieht, dort liegen bleibt. Gleichzeitig wimmert aus zwei Kofferradios eine Stimme «te amo, te amo», und von den Lautsprechern am Kirchturm säuselt der Chor: «Jesus ist mit mir, Jesus ist in meinem Haus, Jesus ist in meinem Herzen.»

Wie sie ihn nur aushalten, diesen Glauben an einen «lieben» Gott. Jeder andere wäre schon tausendmal gelyncht worden für all die uneingelösten Versprechungen. Der liebe Gott nicht. Immer wieder zieht er als Sieger von dannen.

Erdis, der neunzehnjährige Hot-Dog-Verkäufer, schreibt mir seinen Vornamen auf. Mit nur einem Fehler im Wort. Als ich nach seinem Traum frage, sagt er sofort:

«Nach Norden verschwinden.» Norden heißt Nordamerika. Wie die meisten Jungen will er hier nicht leben und sterben. Über dem Ortseingang hängt der Werbespruch eines Reisebüros: «Flugtickets in alle Welt». Das Büro gibt es nicht, aber die Sehnsucht abzuhauen, die schon.

Ich frage Erdis, warum er und seine Freunde nicht nach Norden verschwinden. Claro, das Geld fehlt, um den Coyote zu bezahlen. Entscheidender jedoch, so Erdis, wirkten sich zwei andere Übel aus: sich bewusstlos saufen und Mutlosigkeit. Denn jenen Mut, auf eine andere Zukunft zu hoffen, sind sie los.

Während wir reden, kommen ein paar Mädchen dazu. Ich frage, wie sie ihre Zeit verbringen. Als Erstes zählen die Vierzehnjährigen alle neun «telenovelas» auf, die täglich hier niedergehen. «Rosa Salvaje», die wilde Rosa, lief schon vor zwölf Jahren. Rosaroter Dreck zur sanften Vernichtung menschlicher Hirnzellen. Dallas auf Mexikanisch, denn in Mexico City wird das Gros der Serien produziert. Der Plot, tausend- oder zweitausendmal variiert, geht so: Maria Dolores trifft Juan Carlos, der sie unausweichlich schwängert. Die Schwangerschaft bringt Welten zum Einsturz und verschafft einer Hundertschaft draller Säuslerinnen und fulminant ondulierter Schönlinge Brot über Jahre.

«Calle arriba, calle abajo», die Gasse rauf, die Gasse runter, das machen sie, wenn sie keine Novelas mehr aushalten.

Ich besuche Señora Alvarez, die Witwe, die mir damals einen Schuppen mit Wellblechdach und zwei vergitterten Fenstern als Schlafstelle zur Verfügung stellte. Wie ich noch heute ihren Mut, ihre Großzügigkeit bewundere, mit der sie einen Wildfremden in Kriegszeiten bei sich unterbrachte. Noch immer steht sie in ihrem Gemischtwarenladen, lehnt sich nicht auf, schreit nicht, ruft nicht zu den Waffen.

Anders Oscar Cruz, der Schneider, der bewegte sich inzwischen. Immer wieder kam ich ihn besuchen. Auf einfache Weise beruhigte mich seine Nähe. Schneider legen noch in letzter Not Wert auf Eleganz und Sauberkeit. Auch wenn manchmal ein Schwein neben der Küchentür stand und ein Baby durch die Hängematte auf den Lehmboden pisste, Oscar trug ein sauberes Hemd. Trotzig, wie ein Zeichen von Widerstand.

Stets lud er mich zu einer Karottensuppe ein. Viel mehr gab es nicht. Jedes Mal sagte er: «Ich kann nicht glauben, dass sich jemand wie Sie an meinen Tisch setzt.» Nie schafften wir das Du, und nie konnte er glauben, dass ich mit ihm gemeinsam essen wollte. Die ersten Male ärgerte mich diese unmenschliche Demut, die so vieles verhinderte. Später nahm ich sie hin, der Schneider konnte nicht anders. Im Gegenteil, es machte ihn unglücklich, wenn ich die Rollen infrage stellte.

Heute ist vieles anders. Oscar erkennt mich sofort, sagt sofort du und bittet mich in sein Haus, die drei Zimmer. Der Schneider hat es geschafft. Wieder schnüffeln die Schweine, aber draußen. Küche und Wohnzimmer blitzen, die frisch gestrichenen Wände, ein helles Linoleum bedeckt den Boden. Er ist noch immer Protestant, sagt, als ich ihn frage, wie er den Krieg überstanden habe: «Me encanta la palabra de Dios», das Wort Gottes tut mir gut. Vor fünf Jahren hat er einen praktischen Nebenverdienst gefunden, auf dem Tisch steht ein Telefon, das er minutenweise an alle vermietet, die ihre Verwandten in den USA anrufen. Seine Hilfsbereitschaft scheint intakt wie eh. Zweimal muss er mich während unseres Gespräch laut ansprechen, als ich für Momente übermüdet einnicke. Nach dem zweiten Mal zeigt er Richtung Schlafzimmer: «Komm, ruh dich aus.» Beim Abschied blicke ich auf sein Hemd, es leuchtet wie immer.

Die großen Lacher, durchgehend und bauchig, kommen aus dem Schlachthaus. Auch Victor, der Chef hier, erinnert sich an meinen Namen. Und hat noch immer diese Freude am Leben, lacht, lacht, lacht. Sechzehn Mann wirtschaften hier, barfuß metzgern sie wie jeden Samstagnachmittag zwanzig Kühe nieder. Fangen eine nach der andern mit dem Lasso und zerren sie herein. Holen aus mit dem Holzprügel und zielen genau auf die Stirn. Holen nochmals aus, je nachdem, wie standhaft das Tier den ersten Schlag wegsteckt. Bis es strauchelt. Umso heftiger, da der glitschige Boden voller Blut und Exkremente ist. Jetzt blitzschnell niederknien, die vier Beine zusammenbinden, den Schädel nach hinten reißen und mit dem Messer ins Herz fahren. Eine rote Fontäne zischt, der schwere Körper krampft und zittert, zuletzt der Todesschluchzer. Während zwei die Kuh häuten und zerlegen, schwingen die anderen schon wieder das Lasso. Sind die Metzger in gehobener Stimmung, dann halten sie den offenen Mund in die Fontäne und trinken.

Der Tierschutz kommt hier nicht vorbei, dafür lauern draußen im Hof die Geier. Was unverwertbar ist, landet bei ihnen. Wie der Kuhmagen, an dem zwei Dutzend Vögel und zwei Hunde reißen, dass er plötzlich wie ein Sprungtuch aussieht.

Und Sandra kommt vorbei, seit einunddreißig Jahren zieht sie aus den Bäuchen der Mutterkühe die Kälber. Nahrung für Oscar, den Dobermann. Sandra ist eine praktische Frau, ihr Schubkarren steht vor der Tür. Zu Hause wird sie die Beute zerstückeln und im Kühlschrank lagern. Eine Woche lang ist somit wieder für Oscar gesorgt.

Auf der Rückfahrt nach San Miguel kommt der Bus zufällig vor der Praxis eines Arztes zum Stehen. Über der Hausmauer steht geschrieben: «... Behandelt werden auch Schusswunden und Messerstiche.» Ein rabiates Land. Die Schrift löst in mir die Erinnerung an Hernán aus, der heute nicht mehr in Anamorós lebt. Damals, 1990, waren wir oft zusammen unterwegs. Noch heute bin ich für den Gaul dankbar, den er mir besorgte, um manchmal auf Schleichwegen das Dorf verlassen zu können.

Hernán verließ das Dorf nicht. Rührte sich nicht mehr vom Fleck seit jenem Tag, an dem eine Militärstreife versuchte hatte, ihn in San Miguel zu rekrutieren. Ohne schriftliche Vorladung, ohne Bedenkzeit. Dafür blitzschnell, mitten auf der Straße. Noch immer überzog der Bürgerkrieg das Land, jeder Jugendliche musste zu jeder Tageszeit damit rechnen, zwangsrequiriert zu werden. Gerade in größeren Ortschaften. Da zuletzt achtzigtausend Tote im Land liegen blieben, standen für Hernán die Chancen nicht schlecht, nie fünfundzwanzig Jahre alt zu werden. So schien es ratsamer, sich nicht zu bewegen. Das winzige Anamorós war auf absurde Weise sicher, da irgendwann gesetzlos, da irgendwann leer gefegt von jeder Autorität.

Hernán hatte mir von dem Tag erzählt. Ein Rollkommando von zwei Mann war von der anderen Seite der Kreuzung auf ihn losgestürmt. Es gab zwei «legale» Auswege: ein *Carnet*, das bestätigte, dass sein Inhaber die zwei Jahre Militärdienst bereits hinter sich hatte. Oder «se tiene mucho cuello», man hatte «viel Hals», sprich viel Einfluss, sprich einen Vater, der die zuständigen Stellen schmierte. Hernán, der Bauernsohn, hatte nicht das eine, nicht das andere. Aber er war mutig und listig. Als sie ihn festhalten, reißt er sich los und hetzt durch das Menschengewühl davon. Reißt sich noch im Hetzen das Hemd vom Leib, um auf irgendeine Weise seine Identität zu ändern. Zweimal erkennt er die beiden Militärs rechtzeitig wieder und simuliert – Anschauungsmaterial gab es an jeder dritten Hausecke – einen Kriegsverletzten, stöhnt und hinkt mit einer geliehenen Krücke am Straßenrand entlang. Beim letzten Mal rettet ihn eine Frau mit Baby. Sie weiß sofort, was es geschlagen hat, überlässt ihm den Säugling, Hernán wiegt ihn verliebt in seinen Armen, spielt den Vater. Wieder kommt er davon. Im Laufschritt kehrt er zurück nach Anamorós. Jeden Meter zu Fuß, denn auch Busse wurden angehalten, und einer der Kopfjäger – mit der M16 im Anschlag – rief den berüchtigten Satz: «Jovenes abajo», Jugendliche raus! Eine Hand voll Halbwüchsiger blieb immer zurück, frisch eingefangen für den Krieg.

Hat ein Reisender Glück, so erlebt er einen Moment, der dafür sorgen wird, dass man einen Ort, einen Weltteil nie mehr aus den Augen verliert, nie mehr zurückdenkt, ohne Nähe und Verlust zu empfinden. Dieser Augenblick kam (und er kam wie immer jäh und unerwartet), als Uli Reinhardt und ich in San Miguel in ein Taxi steigen und Fahrer Ramón plötzlich den Kopf wendet und fragt: «Welche Sprache spricht man in deinem Land?» Der Fotograf antwortet *alemán,* und Ramón bittet: «Sag irgendwas auf Deutsch, sag: Ich liebe dieses Land.»

Flug nach New York, ich bin zu müde, um zu schlafen. Das sind die Augenblicke, in denen mein Körper Rache nimmt für alle Stunden Wachsein, die ich ihm gestohlen habe. Jetzt sind die sechzig Tage Weltreise um, meine

Stoßdämpfer schleifen, ich bilde mir ein, mein ächzendes Skelett zu hören.

Ankunft um 22 Uhr 15 auf dem John F. Kennedy Airport. Im Terminal 4 finde ich einen versteckt gelegenen Schacht zwischen zwei Rolltreppen, zwänge den Rucksack hinein und den müden Leib dazu. Ich kann nur dösen, weil alle fünfzehn Minuten eine ordinäre Lautsprecherstimme in die menschenleere Halle blökt, dass es sich hier um eine «non-smoking area» handele.

Um sechs Uhr morgens sehe ich drei andere Penner aus anderen Schächten kriechen, sie wohnen nachts hier, das scheint ihre Hauptadresse. Wir grinsen uns an, wie ertappt. Ab zur Katzenwäsche in die Toilette, dann raus und mit dem Bus nach Manhattan.

Keiner soll über eine Stadt schreiben, die er unrasiert und blöd vor Schlafmangel betritt. Ich tipple die Sixth Avenue entlang, halte Ausschau nach einem günstigen Ticket nach Europa, finde lange nichts, sehe nur diese verhetzten Visagen unglücklicher Bankangestellter, die schon vor fünfzehn Jahren unglücklich waren, als ich in dieser Stadt lebte, und die heute keinesfalls unglücklicher sind. Ich ertrage wohl nur die Gier und das Unglück in den Visagen weniger geduldig. Wieder sehe ich die Scharen Escada-uniformierter business women, die wie jeden Morgen mit dem Filofax in der Linken und dem Handy in der Rechten – schon um halb acht gellen sie in die Muschel – die Arena betreten und nach den Renditen der Welt fragen. Dabei das Gesicht schon so verkniffen unfroh wie das ihres Vorbilds, des business man. Der Protz und die Protzer, ich kapituliere immer schneller vor ihnen. Kein Zweifel, ich werde alt.

Natürlich muss einer in dieser Stadt mindestens fünfhundert Tage verbracht haben. Um sich zu stählen. Und um eines Tages dankbar und freudestrahlend davonzurennen. Dankbar über das Erlebte und freudestrahlend über die Erkenntnis, dass nichts Neues nachkommt. Weil sich die Aufregungen auf spektakulär banale Weise wiederholen. Weil jetzt, wie vor fünfzehn Jahren, ein Feuerwehrwagen durch die Sixth-Avenue-Schlucht donnert und die Sirene – wie tausendmal zuvor – wie ein Kugelblitz durch meinen Kopf rast. Wie dramatisch, wie sterbenslangweilig.

Kurz vor Mittag werde ich ein froher Mensch. Ein Flug für heute Nacht findet sich, und die Erinnerung an einen Besuch in Henry Millers Haus im kalifornischen Big Sur verbessert die Laune beträchtlich: Der Meister war schon tot, aber Valentine, die Tochter, ließ mich eintreten und führte mich zu dem Apfelbaum, den Henry in seinem Garten hoch über dem Pazifik gepflanzt hatte. Als eine Art Altar, vor dem er sich jeden Abend niederwarf. Aus Dankbarkeit, nie mehr in New York leben zu müssen.

Genau vierundzwanzig Stunden nach meiner Ankunft sitze ich in einem Flugzeug, Ziel Paris. Ich stehe unter dem Zwang zu wandern und unter dem Zwang zurückzukehren. Jetzt will ich zurück. So scheint der richtige Zeitpunkt gekommen, um eine Liebesgeschichte zu erzählen. Hier steht sie:

Die französische Hauptstadt tritt auf wie eine unverschämt schöne Frau, unverschämt arrogant. Dreimal machte ich mich auf den Weg zu ihr, sie zu verführen. Aber die Schöne, die Arrogante, zeigte kein Interesse, sie hatte genug Anbeter. Seltsame Dinge passierten. Zwei Unfälle stoppten den Drang, ihr nahe zu sein. Beim dritten Mal schlich ich frühmorgens heimlich davon, unwillig, die fällige Miete zu zahlen. Gemeine, reiche Weiber boten mir Besenkammern zu exorbitanten Preisen. Von der Schönen, die flüsterte «komm und bleib!», keine Spur.

Doch der letzte, der vierte Versuch klappte. Wieder kam ich, um eine Wohnung zu suchen. Ich saß in einem Café an der Place des Vosges und sah den Kellner auf mich zukommen. Mit der typisch raunzigen Stimme Pariser Ober erkundigte er sich desinteressiert nach meinem Wunsch. Ich war aufgeregt, sprach noch immer – da ja immer auf der Flucht vor der Stadt – ein jämmerliches Französisch. «Café au lait», Milchkaffee, wollte ich sagen und sage: «Café au lit», einen Kaffee im Bett. Bitte.

Etwas Famoses passierte. Das gesamte Kaffeehaus brach in heiterstes Gelächter aus, der Kellner rotzte vor Freude in seinen Schnauzer, einer rief: «Qu'est-ce que c'est mignon», mein Gott, wie süß, wie niedlich.

Seitdem darf ich in Paris leben, seitdem ist der Fluch weg, seitdem verwöhnt mich die Schöne. Als die 747 über dem Flughafen Charles de Gaulle einschwebt, hebe ich ab. Vor Glück.

rororo

Andreas Altmann

Geschichten von unterwegs

Einmal rundherum
Geschichten einer Weltreise
rororo 22931

Notbremse nicht zu früh ziehen!
Mit dem Zug durch Indien
rororo 23374

Weit weg vom Rest der Welt
In 90 Tagen von Tanger nach Johannesburg
rororo 23993

Reise durch einen einsamen Kontinent
Unterwegs in Kolumbien, Ecuador, Peru, Bolivien und Chile
rororo 24821

Im Land der Regenbogenschlange
Unterwegs in Australien
rororo 25317

Sucht nach Leben
Geschichten von unterwegs
rororo 25429

rororo 23374

MIX
Papier aus verantwortungsvollen Quellen
FSC® C083411

Das für dieses Buch verwendete FSC®-zertifizierte Papier *Holmen Book Cream* liefert Holmen, Schweden.